Anja Mohr

Kälte, Eis und Schnee

Ganzheitliche Spiel- und Lernanregungen zum Thema Winter

Ökotopia Verlag, Aachen

Impressum

Autorin Anja Mohr
Illustratorin Bianka Leonhardt
Fotos Anja Mohr
Covergestaltung PERCEPTO mediengestaltung
Layout & Satz designmeetsmotion.com, Katharina Hoffmann
Druck

ISBN 978-3-86702-403-7

Bleiben Sie in Kontakt

www.oekotopia-verlag.de

Inhalt

Vorwort

Der Winter hat seine eigene Faszination. Wer in dieser Zeit die Natur betrachtet, kann vieles entdecken, auch wenn es auf den ersten Blick nicht so erscheint. Doch der Winter lockt mit seinen Besonderheiten und naturwissenschaftlichen Erfahrungen wie Schnee, Eis und Kälte. Passend dazu ist dieses Buch entstanden, dessen Inhalt auf dem Winter-Erleben mit meiner Kita-Gruppe beruht. Wie die Kinder dazu kamen, sich für das Thema Kälte, Eis und Schnee zu interessieren, das möchte ich Ihnen als Motivationshilfe gerne beschreiben.

Begonnen hat alles, als Kinder Mitte November gefrorenes Eis von draußen mit in die Einrichtung brachten und es ihnen dort weggeschmolzen ist. Das stellte die Kinder vor die Fragen, warum das Eis so schnell geschmolzen ist, aber auch, warum das Wasser überhaupt gefroren ist. Schon waren wir in einem Thema, das die Kinder von Anfang an begeisterte und motivierte. Es entstand ein Projektthema, mit dem wir uns über drei Monate beschäftigten. Von Anfang an wurden die Kinder in die Planung einbezogen, indem sie ihr vorhandenes Sachwissen und ihre Interessen stets äußern konnten. Zunächst befassten wir uns mit unserem Umfeld. Da es in dieser Zeit sehr kalt war und es auch schon etwas schneite, beschäftigten wir uns genauer mit der Jahreszeit Winter, wie sie überhaupt entsteht. Von der Erfahrung, dass sich die Erde um die Sonne dreht, es Tag und Nacht gibt, leiteten wir die Jahreszeit ab. Bei unseren vielen Experimenten rund um Eis und Schnee wurde die „Natur" verständlicher. Die Freude und der Spaß beim Spielen mit Eiswürfeln waren kaum zu übertreffen. Ich kann nur sagen, es waren sehr viele Eiswürfel! Über das Themenfeld „Eis – Eisberg" kamen wir an den Nordpol. Auf diesem Weg ließen wir die Tiere in Eis und Schnee nicht aus. Wir beschränkten uns auf drei Tierarten: Eisbär, Robbe und Wal. Bei der Vorstellung des Wals, von dem es fast 90 Arten gibt, haben wir, um visuell zu verstehen, wie groß ein Blauwal ist, mit Kreide einen Strich von 33 Metern Länge auf der Straße gezogen.

Wer lebt am Nordpol? Wenn Sie die Kinder heute – zwei Jahre später – danach fragen, erzählen sie Ihnen von den „Inuit". Diese Menschen haben bei den Kindern durch ihre Lebensweise in den eisigen Temperaturen großen Eindruck hinterlassen.

Für das Projekt habe ich viel Material zusammengetragen, gesucht und angepasst, damit es für Kinder im Vorschulbereich verständlich und auch immer wieder motivierend ist. So reifte - nach Beendigung des Projektes die Idee, dass ich es für andere ErzieherInnen, pädagogische Fachkräfte und auch Eltern aufschreibe. Denn für mich war und ist es ein Thema, das Kinder in ihrer eigenen Lebenswelt „abholt" und weit in den hohen Norden „bringt". Bei allen Angeboten habe ich darauf geachtet, dass sie kindgerecht und mit so wenig Aufwand wie möglich durchführbar sind. Es sind fast alle Bildungsbereiche mit einbezogen, und viele Lernziele werden durch Experimentieren, genaues Beobachten und selbstständiges Tun erreicht.

Ich wünsche mir, ich kann Sie und Ihre Kinder für das Thema begeistern und Ihnen mit den Anregungen und Impulsen im Buch viele eigene schöne Erlebnisse mit den Kindern rund um Kälte, Eis und Schnee erfahrbar machen.

Bildungsbereiche im Kindergarten

Erde und Sonne

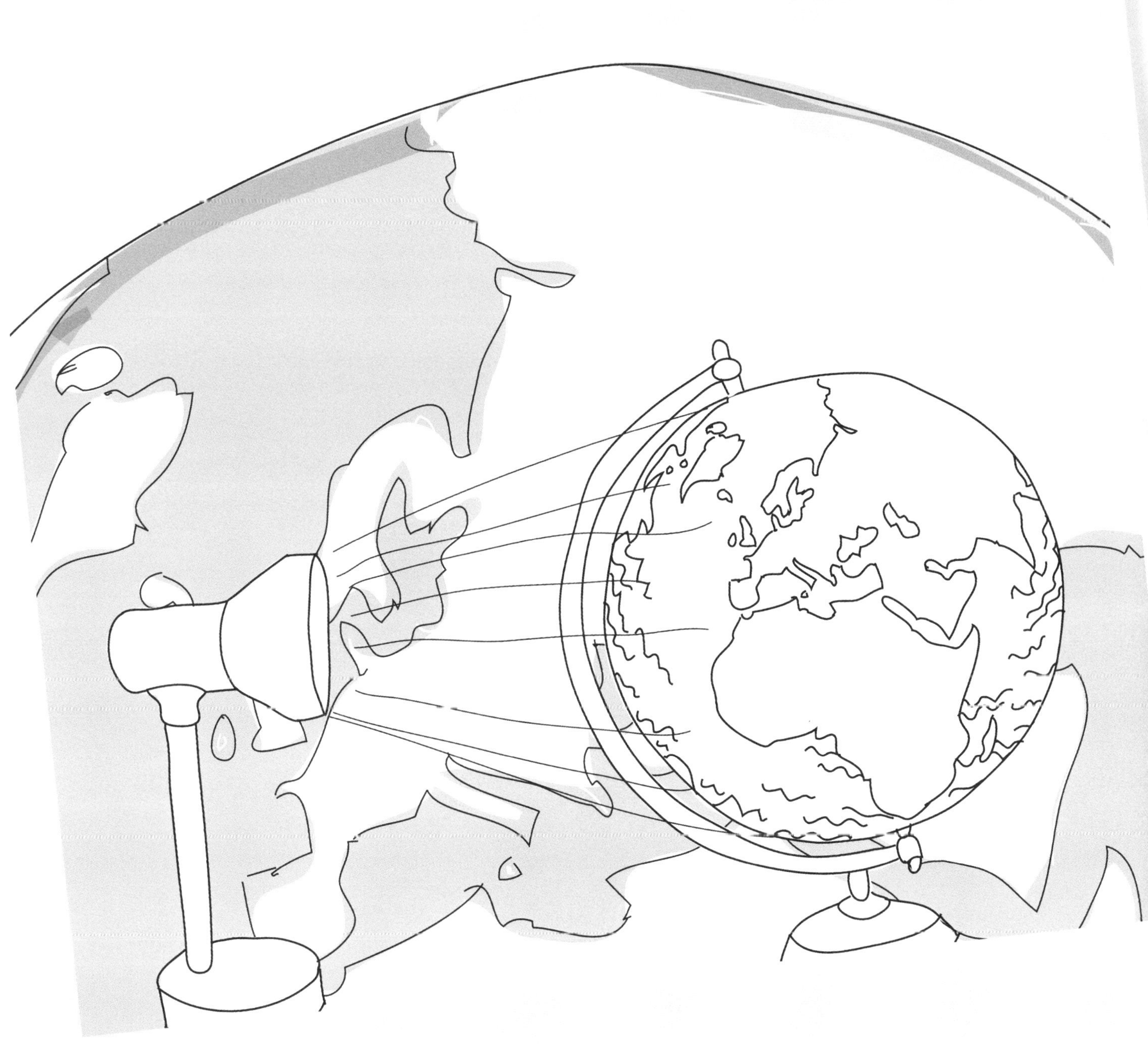

Um Kinder in das Thema „Kälte, Eis und Schnee“ einzuführen, ist es sinnvoll, mit ihnen zunächst einige Fragen zum Thema Erde und Sonne zu klären. Die meisten Kinder sind sich darin einig, dass die Sonne ein „großer leuchtender Ball“ ist und viel größer als die Erde. Die Sonne macht alles auf der Erde warm und hell, ohne sie wird es dunkler und kühler – das erleben die Kinder jeden Tag. Aber warum gibt es Tag und Nacht, warum sind die Tage im Sommer länger hell und im Winter so lange dunkel? Und warum gibt es überhaupt die Jahreszeiten? Mit einfachen Versuchen und Erklärungen lassen sich die Kinder an dieses Thema heranführen. Die drei folgenden Angebote können Sie als einzelne Beschäftigungen oder einfach als zusammenhängenden Einstieg ins Thema einplanen.

Die Erde ist eine Kugel

Alter: ab 4,5 Jahren
Material: Luftballon oder Ball (evtl. Weltkugel (gebastelt), Schiff oder Boot (Spielzeug oder aus Papier gefaltet), Klebeband, Schere und Kleber

Früher glaubten die Menschen, die Erde sei eine Scheibe und die Sonne bewege sich darüber am Himmelszelt. Bei der Seefahrt haben sie dann entdeckt, dass von den Schiffen, die am Horizont zu sehen sind, zuerst die Masten und später erst der Schiffsrumpf selbst sichtbar wird.

Dieses Phänomen lässt sich den Kindern anhand eines Balles zeigen, auf dem z. B. ein gebasteltes Segelschiff befestigt ist. Sie stellen sich vor die Kinder, halten den Ball in Augenhöhe der Kinder (!) und drehen ihn mit dem Schiff langsam in ihre Richtung, so sehen sie zuerst den Mast.

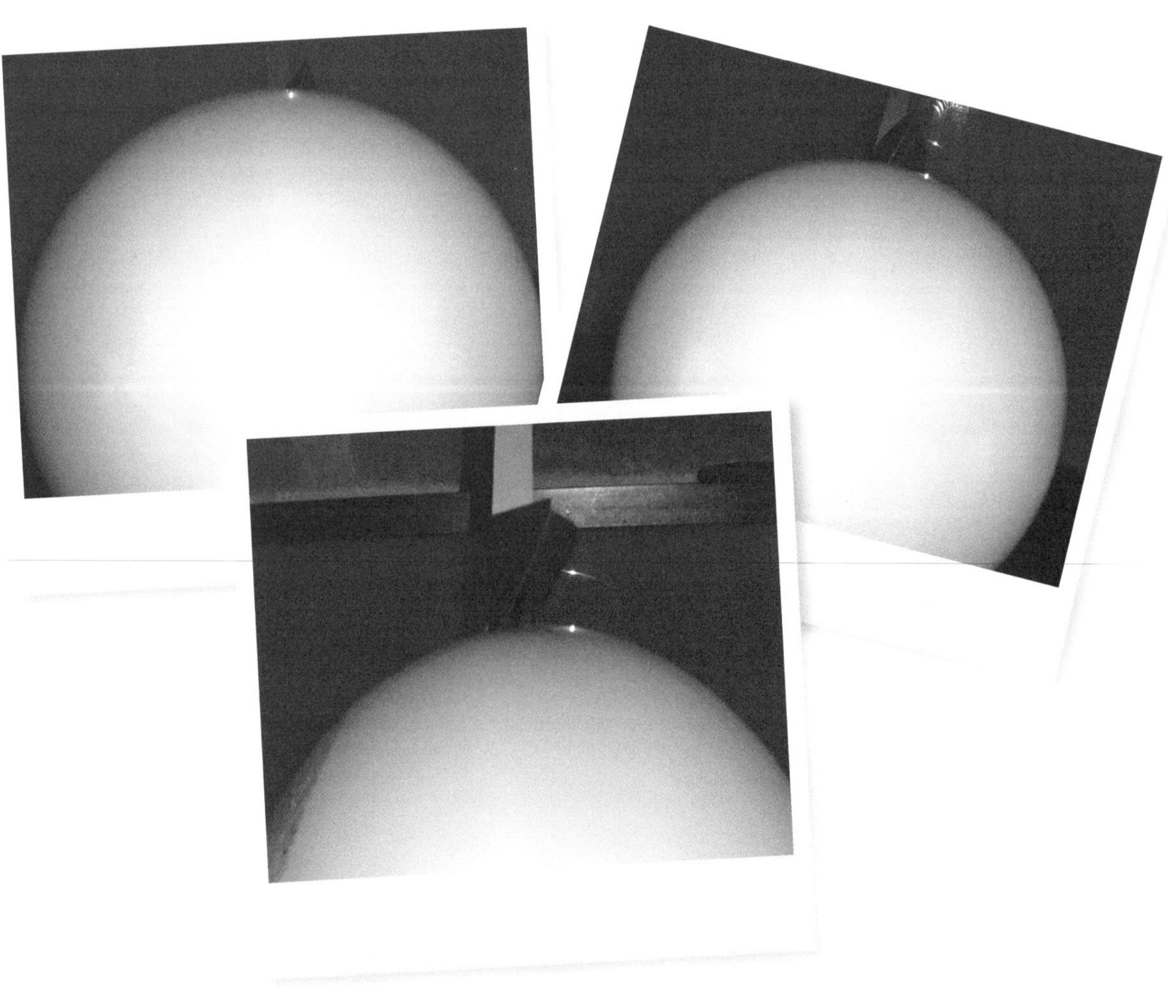

Mögliche Erweiterung

Material: Erdkugel, Wollknäuel, Stecknadel mit Fähnchen, evtl. kleines Püppchen

Sie können auch folgende Behauptung aufstellen: „Wenn wir loslaufen und immer in die gleiche Richtung gehen, kommen wir irgendwann wieder genau dort an, wo wir gestartet sind."

Dies zeigt sich anschaulich an einer Weltkugel. Lassen Sie die Kinder einen Startpunkt bestimmen, markieren Sie diesen mit dem einen Ende der Wolle, nehmen Sie das Püppchen (oder zwei Finger) und laufen immer geradeaus. Lassen Sie parallel die Wolle mitlaufen.

Tag und Nacht

Alter: ab 4,5 Jahren
Material: Globus oder Ball, Taschen- oder Schreibtischlampe, Fähnchen als Markierung

Die Sonne geht morgens auf und abends unter, so entstehen Tag und Nacht – und so stellen es sich die meisten Kinder vor. Es ist schwer für sie zu verstehen, dass nicht die Sonne sich bewegt, sondern die Erde. Das lässt sich anhand eines Lichtexperimentes zeigen ...

Sie brauchen dazu nur eine Lampe und einen Globus. Verdunkeln Sie den Raum, die Taschen- oder Schreibtischlampe „spielt" die Sonne und leuchtet auf die Erde. Markieren Sie den Standort und drehen den Globus langsam nach links (gegen den Uhrzeigersinn). So sehen die Kinder, wie es Tag und langsam Nacht auf der Erde wird, ohne dass sich die Sonne bewegt.

Solange unsere (markierte) Seite in Richtung Sonne schaut, ist bei uns Tag. In dem Moment, wo wir uns von der Sonne wegdrehen, fängt die Nacht an und auf der anderen Seite der Erde geht die Sonne auf.

Die Erde dreht sich um die Sonne

Alter: ab 4,5 Jahren
Material: Erdkugel und Stock, Globus

Dass sich die Erde um die Sonne dreht, ist für die Kinder einfach zu sehen, wenn die Erde um eine Lampe herum geführt wird. Schwieriger wird es, die Erdneigung den Kindern zu zeigen und erfahrbar zu machen, um ihnen so den Bezug zu den Jahreszeiten zu verdeutlichen.

Das zeigen Sie wieder anhand einer Erdkugel und der Vorstellung, dass die sogenannte Erdachse wie ein Stock, der durch Nord- und Südpol geht, aussieht und dieser „Stock" schräg zur Sonne steht. Er hat eine Neigung von 23,5 °C.

Mit genau demselben Winkel ist der Globus in seiner Halterung befestigt.

Diese Neigung gegenüber der Sonne ist verantwortlich für die Entstehung der Jahreszeiten. Durch die schiefe Stellung der Erde erreicht uns im Sommer viel mehr Sonnenlicht als im Winter. Im Sommer treffen die Sonnenstrahlen direkt von oben, also ganz steil, auf die Erdoberfläche. Und da die Tage im Sommer auch viel länger sind, bekommen wir mehr Sonne ab. Es wird also wärmer.

Im Winter treffen die Strahlen in einem flachen Winkel auf. Das kann man auch am Stand der Sonne sehen: Sie steht viel niedriger über dem Horizont als im Sommer. Und deshalb erwärmt sich die Erde weniger.

Nehmen Sie am besten einen Globus zur Hand, der sich in einer Halterung befindet, so haben Sie die Neigung der Erde. Dann stellen Sie eine Lampe in die Mitte, die Sonne. Nun gehen Sie mit dem Globus im Kreis um die Sonne herum, so können die Kinder erkennen, dass die „Sonnenstrahlen" an einem bestimmten Ort auf der Erde mal ziemlich schräg auftreffen und mal ziemlich gerade von oben, also senkrecht zur Erdoberfläche. So entstehen Jahreszeiten: Wenn die Sonne ziemlich senkrecht steht, ist Sommer, und wenn sie ziemlich schräg steht, ist Winter. Dazwischen gibt es natürlich noch Übergänge, die dann den Frühling und Herbst bilden.

Eis und Schnee

Brainstorming

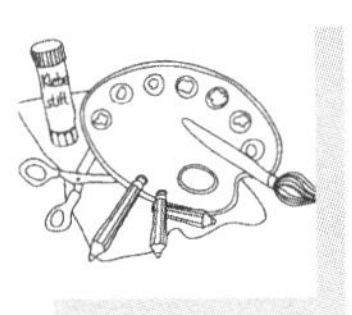

Um herauszufinden, was die Kinder zu dem Thema „Eis und Schnee" schon wissen, beginnen Sie mit einem Brainstorming. Hier werden die Ideen und das Wissen der Kinder von Ihnen aufgeschrieben und von den Kindern gemalt. Die Kinder können aus Zeitschriften auch passende Bilder ausschneiden.

Alter: ab 4,5 Jahren
Material: Plakat, Malblätter, Buntstifte, Zeitschriften, Schere und Kleber

Kommen Sie mit den Kindern zu einem Kreis zusammen und legen Sie ein großes Plakat, Malstifte und Zeitschriften in die Mitte. Lassen Sie die Kinder reihum erzählen, was ihnen zum Thema „Eis und Schnee" einfällt, und stellen Sie bei Bedarf unterstützende Fragen. Schreiben Sie die Einfälle der Kinder auf, lassen Sie diese direkt auf das Plakat malen oder entsprechende Bilder aus den bereitliegenden Zeitschriften ausschneiden.

Tipp: Hängen Sie das Plakat für alle gut sichtbar im Eingangsbereich oder Gruppenraum auf.

Schnee, Schnee und noch mehr Schnee

Was ist Schnee? Informationen zum Thema

Die Erklärung ist eigentlich ganz einfach: Schnee entsteht, wenn der Wasserdampf in den Wolken gefriert. In unserer Luft befinden sich Staubteilchen. Die feinen Wassertropfen brauchen diese Staubteilchen, um sich dort anzulagern und zu gefrieren, sodass winzig kleine Eiskristalle entstehen. Dies passiert vor allem bei Temperaturen unter -12 °C. Diese Eiskristalle wachsen allmählich, indem sie sich sternförmig aneinanderlagern. Erst entstehen sechseckige Schneesterne. Aus vielen Schneesternen bilden sich dann die Schneeflocken. In der Wolke werden die Schneeflocken mit der Zeit immer größer und schwerer. Irgendwann sind sie so schwer, dass sie auf die Erde fallen. Damit sie auch unten ankommen, darf es auf dem Weg nicht wärmer als 0 °C sein. Sonst schmilzt der Schnee und wird zu Regen.

Wenn es schneit, sehen wir meist keine einzelnen Kristalle mehr, sondern Schneeflocken. In diesen sind mehrere Schneekristalle miteinander verklumpt.

Wer einmal im Winter darauf achtet, der wird bemerken, dass die größten Schneeflocken bei Temperaturen um den Gefrierpunkt herum entstehen.

Wird es etwas wärmer, bekommen wir Schneeregen.

Wird es kälter, dann werden die Schneeflocken etwas kleiner.

Ist es extrem kalt, dann sinkt auch der in der Luft enthaltene Wasseranteil, sodass es zu trocken für Schneebildung wird.

Keine Schneeflocke sieht wie eine andere aus, aber alle haben eine sechszählige Geometrie. Schneeflocken mit vier oder acht Armen sind nicht möglich, sie alle basieren auf dem Sechseck, weil das die Struktur ist, in der Wasser gefriert.

Die kleine Schneeflocke, die nicht warten wollte

Alter: ab 4 Jahren

Eines Tages zog weit oben eine Wolke am Himmel entlang. In dieser Wolke hatten sich schon viele, viele Schneeflocken versammelt – auch eine ganz kleine Flocke war dabei. Die kleine Schneeflocke war sehr ungeduldig und fragte: „Wann geht's denn endlich los?" Die etwas größeren Schneeflocken erklärten: „Wir müssen noch warten, bis wir an einen kalten Ort kommen. Der Weg zur Erde ist weit! Und wenn es dort nicht kalt genug ist, können wir keine Schneeflocken mehr bleiben, sondern kommen als einfache Regentropfen auf der Erde an."

„Ich will aber jetzt los, ich will jetzt schon runter auf die Erde", wiederholte die kleine Schneeflocke immer wieder.

Die anderen antworteten: „Es ist noch keine Zeit für Schnee, hier ist es noch zu warm." Allmählich ging ihnen die Ungeduld der kleinen Flocke auf die Nerven und wieder hörten sie die Kleine aufgeregt stammeln: „Aber, aber die Kinder auf der Erde warten bestimmt schon auf uns, sie wollen im Schnee spielen."

„Dann müssen sie eben noch warten, jetzt können wir noch nicht los."

„Dann gehe ich eben alleine", sagte die kleine Schneeflocke trotzig, sprang von der Wolke und schwebte, sich übermütig im Wind drehend, auf die Erde zu.

„Juchhei, es ist ja so wunderbar, eine Schneeflocke zu sein", jubelte sie und tanzte fröhlich mit dem Wind um die Wette. Doch je näher sie der Erde kam, umso wärmer wurde es ihr. Sie fing an zu schwitzen und wurde kleiner und immer kleiner. Hätte sie vielleicht doch auf die größeren Schneeflocken hören sollen? Da jammerte sie laut und weinte bitterlich: „Hilfe! Hilfe! Hört mich denn keiner?", schluchzte sie, „ich will kein Wassertropfen werden! Kann mir denn niemand helfen?"

Der Wind hörte das Klagelied der kleinen Schneeflocke und hatte Mitleid. „Pass auf", rief er der Kleinen zu, „ich blase jetzt einmal so kräftig, dass du wieder nach oben in den Himmel getragen wirst!" Da spürte die kleine Flocke auch schon einen kraftvollen Schubs, und nicht mehr die Erde kam näher, sondern der Himmel! Ehe sie sich versah, schwebte sie wieder ihrer Wolke entgegen. Kaum war die kleine Schneeflocke gelandet, wurde sie von den anderen umringt. Von allen Seiten hörte sie die großen Schneeflocken: „Haben wir es dir nicht gesagt? Haben wir dich nicht gewarnt?" Die kleine Schneeflocke blieb ganz stumm und setzte sich kleinlaut in die Wolke. Doch die Großen hatten noch nicht genug und immer wieder musste sie sich anhören: „Sei froh, dass aus dir kein Regen geworden ist! Auf der Erde wärst du verdunstet und alleine hättest du den Kindern sowieso keine Freude gebracht, die hätten dich ja gar nicht gesehen!"

„Ihr seid gemein!", rief die kleine Schneeflocke aufgebracht, „ich habe es ja jetzt verstanden! Ich muss warten, bis es richtig kalt auf der Erde ist." So schlief sie erschöpft ein und träumte von einem herrlichen Wintertag, an dem die Kinder draußen begeistert mit den Schneeflocken spielten und sie, die Kleine, war mittendrin dabei ... Irgendwann wurde sie durch das aufgeregte Rufen der anderen geweckt. „Macht euch bereit, es geht los, gleich ist es kalt genug!" Sogleich war die kleine Schneeflocke hellwach und sah, dass die ersten Flocken schon die Wolke verließen. Kurz darauf war auch sie an der Reihe und schwebte langsam, aber beschwingt Richtung Erde. Ja, es sah fast so aus, als würde sie einen Tanz aufführen, so sehr war ihr die Vorfreude anzusehen. Auf der Erde angekommen, wurden alle Schneeflocken von den Kindern begeistert begrüßt. Nach und nach, ganz still und leise überzogen sie die Erde mit einem strahlenden Schneeflockenweiß.

Es war fast wie in ihrem Traum, nur noch viel, viel schöner!

Wolke mit Schneeflocken

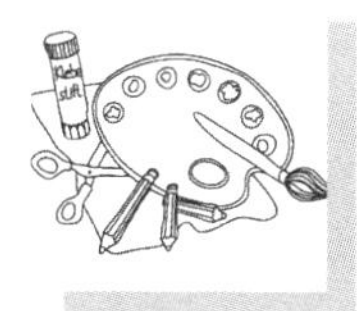

Die Kinder zeichnen eine große Wolke auf weißes Papier und schneiden sie aus. Bei jüngeren Kindern kann die Wolke auch vorgezeichnet werden, wobei zu berücksichtigen ist, dass auch in der Natur jede Wolke anders aussieht. Nun mindestens drei Fäden oder mehr an der Wolke befestigen. Anschließend kleben die Kinder Wattebällchen an die Fäden.

Alter: ab 4 Jahren
Material: weißes Papier oder Tonkarton, weiße Wolle, weiße Watte, Schere, Kleber

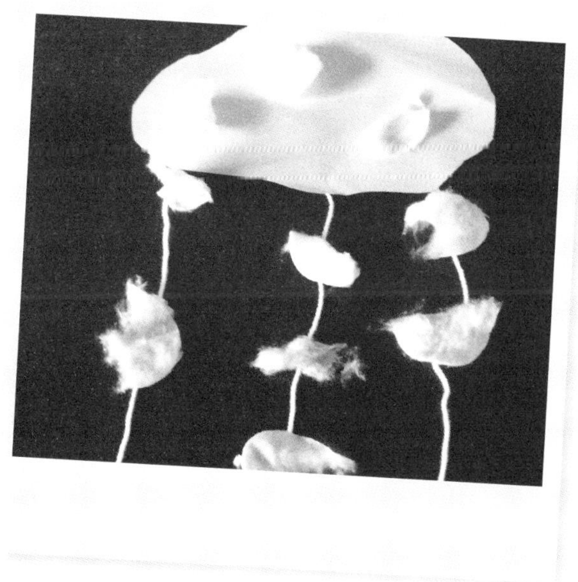

Schneeflocken aus Papier

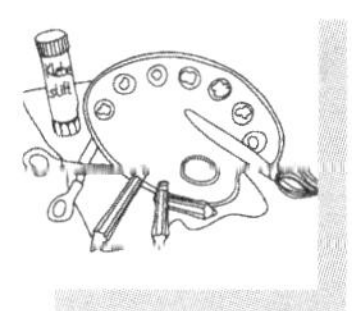

Schneeflocke aus Papierstreifen

Die Kinder schneiden aus weißem Papier drei längliche Streifen aus. Sie schneiden die Enden jeweils spitz zu und sie kleben sie in der Mitte über Kreuz aufeinander. Die Enden können auch wie eine Pfeilspitze aussehen.

Alter: ab 4 Jahren
Material: weißes Papier, Schere und Kleber

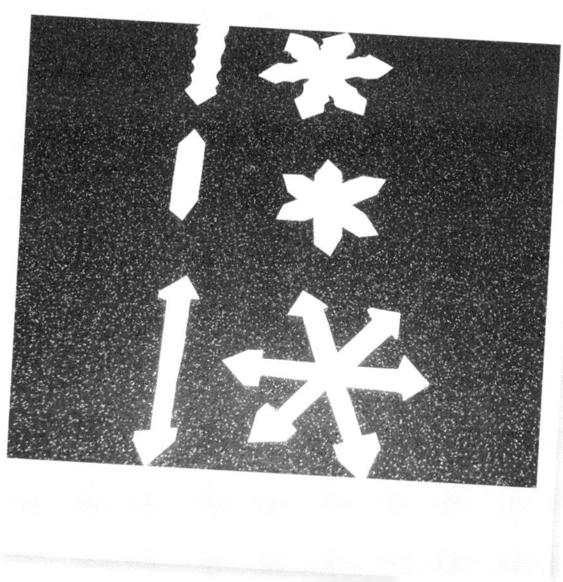

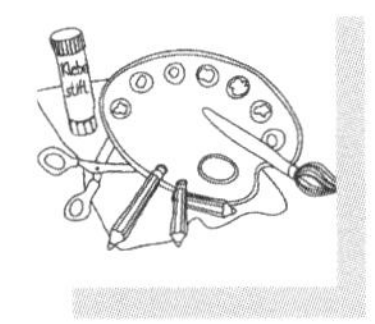

Schneeflocke aus einem Kreis

Material: runder Gegenstand (Teller, CD o. Ä.), weißes Papier, Stift, Schere

Mit einem runden Gegenstand als Schablone malen die Kinder einen Kreis auf weißes Papier und schneiden ihn aus. Den Kreis falten sie erst zur Hälfte und dann noch zweimal, sodass drei gleich große Teile aufeinanderliegen. Dies ist wichtig, da eine Schneeflocke immer sechs Spitzen hat. In das „Tortenstück" ein beliebiges dreieckiges Muster aufzeichnen und entlang der Linie ausschneiden. Die Schneeflocke auseinanderfalten.

Schneeflocken ausprickeln

Material: Sternvorlage (Anhang S. 94) weißes Papier oder Tonkarton, Stift, Prickelnadel mit Unterlage (Kork, Filz), evtl. Transparentpapier und Kleber

Übertragen Sie die Sternvorlage auf weißes Papier. Die Kinder prickeln diese mit der Prickelnadel aus. Gelingt es, die Flocke vorsichtig herauszutrennen, so entsteht ein Gegenstück, welches mit Transparentpapier hinterklebt werden kann.

Eine Wolke selber machen

Alter: ab 4 Jahren
Material: 1 Plastikflasche (1 – 2 Liter), Wasser oder Franzbranntwein, Streichhölzer (lang), evtl. Lebensmittelfarbe

Füllen Sie eine Plastikflasche mit so viel warmem Wasser, dass der Boden bedeckt ist. Zünden Sie ein Streichholz an und blasen Sie es nach ein paar Sekunden aus. Halten Sie den Kopf des Streichholzes in die Flasche, sein Rauch soll die Flasche füllen, wo er zu verschwinden scheint. Das Streichholz wegwerfen, die Kappe auf die Flasche geben und fest verschließen. Drücken Sie nun die Flasche und schauen sich die Nebelbildung an. Sie sollten eine Wolke dort sehen.

Tipp: Geben Sie ein paar Tropfen Lebensmittelfarbe ins Wasser, dann können Sie der Wolke eine Farbe geben.

Erklärung: Was wir hier beobachten können, ist das Gleiche, wie Wolken am Himmel entstehen. Wird die Flasche

- fest zusammengedrückt, steigt der Druck und die Luft erwärmt sich in der Flasche. In der erwärmten Luft kann ein Teil des Wassers verdampfen.
- Losgelassen, sinkt der Druck und die Luft kühlt sich ab. Die kühlere Luft kann nun wieder weniger Wasserdampf aufnehmen. Das Wasser kondensiert, das heißt, es bilden sich unzählige winzige Tröpfchen, die dann wie eine weiße Wolke durch die Flasche schweben.
- Der Qualm des verloschenen Streichholzes hilft dabei: An den winzigen Rußpartikeln des Qualms kann das Wasser gut kondensieren und es bildet sich eine schöne Wolke.

Tipp: Probieren Sie das Experiment anstatt mit Wasser mit etwas Franzbranntwein aus! Da der Branntwein besser verdampft, ist der Effekt viel deutlicher zu sehen. Übrigens: Ein solcher Prozess läuft auch am Himmel ab.

Im Schnee

Vorbereitung:

Alter: ab 3 Jahren
Material: 3 – 4 P. Wattebäusche

Verteilen Sie vor der Bewegungseinheit die Watteböllchen im Raum. Lesen Sie die Geschichte durch und machen Sie sich mit ihrem Inhalt vertraut.
Die Kinder kommen im Bewegungsraum zusammen, schauen sich dabei um und beschreiben, was sie sehen.

Frage an die Kinder: „Was könnten die verteilten Wattebällchen im Raum bedeuten? Es ist ‚Schnee', und was könntet ihr im Schnee alles machen?" Die Kinder erzählen und beschreiben ihre Erfahrungen mit Schnee. Leiten Sie dazu über, dass Sie heute gemeinsam Spaß haben wollen mit diesem „Kunstschnee". Die Kinder verteilen sich im Raum und Sie beginnen die Geschichte zu erzählen. Je nachdem, wie vertraut die Kinder mit Erlebnisturnen sind, begleiten Sie die Übungen bzw. führen sie vor.

Heute ist ein kalter Wintermorgen. Seht nur, vor dem Fenster tanzen die Schneeflocken vom Himmel. Kommt, wir wollen nach draußen gehen, lasst uns schnell warme Sachen anziehen.

Alle Kinder „ziehen" sich an. Beziehen Sie die Kinder dabei mit ein, indem Sie unterstützend fragen, was man im Schnee alles anzieht – Pullover, Hose, Jacke, dicke Socken, Stiefel, Schal, Mütze, Handschuhe ...

Jetzt aber nix wie raus aus dem Haus und rein in den Schnee!

Die Kinder laufen durch den Raum.

Hier liegt der Schnee schon richtig hoch, da müssen wir unsere Beine ganz hoch anheben, damit wir im hohen Schnee überhaupt vorwärtskommen.

Die Kinder heben beim Laufen die Beine ganz hoch und laufen schwerfällig.

Hier ist der Schnee flacher, hier können wir auch mal rennen oder hüpfen und uns drehen, denn so schön ist es, wenn es schneit.

Die Kinder rennen und hüpfen durch den Raum.

An manchen Stellen ist der Schnee gar nicht mehr tief, er sieht eher aus wie Matsch. Es ist gar nicht so einfach, darauf zu laufen, denn er ist rutschig und wir müssen ganz vorsichtig gehen.

Die Kinder schlurfen durch den Raum.

Hier gibt es auch ganz leichten Pulverschnee! Der ist so leicht, den können wir wegpusten.

Die Kinder knien sich hin und pusten die Wattebällchen durcheinander.

Kommt, lasst uns den Schnee in die Hand nehmen.

Jedes Kind nimmt ein Wattebällchen und steht auf.

Lauft mit eurem Schnee durch den Raum und probiert aus, wie ihr die Schneeflocke außer auf der Hand noch tragen könnt.

Die Kinder laufen durch den Raum, balancieren dabei das Wattebällchen auf der Hand, dem Kopf, der Schulter ... Weitere Ideen der Kinder dabei mit aufgreifen und umsetzen.

Vielleicht gelingt es euch, die Schneeflocke in die Luft zu werfen und mit den Händen wieder aufzufangen.

Die Kinder werfen das Wattebällchen nach oben und fangen es wieder auf.

Das macht ihr so schön, dass wir ein kleines Spiel machen sollten. Ihr geht zu zweit zusammen, stellt euch mit den Gesichtern gegenüber und werft euch die Wattebällchen zu ... und fangt sie wieder auf.

Die Kinder machen es wie beschrieben, wer möchte, kann den Abstand zueinander vergrößern oder verkleinern.

Jetzt räumen wir den Schnee am besten mal zu einem Haufen zusammen.

Die Kinder legen die Wattebällchen auf einen Haufen.

Damit es uns hier nicht so kalt wird, bewegen wir uns ein bisschen. Lasst uns um den Haufen herumlaufen und darüberspringen.

Die Kinder laufen um den Haufen herum und überspringen ihn.

Huuuiii, da kommt ein heftiger Wind auf und wirbelt alle Schneeflocken durcheinander.

Die Kinder wirbeln alle Wattebällchen durcheinander ... und bewerfen sich damit gegenseitig.

Das war ja eine tolle Schneeballschlacht! Aber seht nur, jetzt ist alles wieder zugeschneit, kein Auto könnte bei diesem Schnee fahren. Gut, dass wir uns in Schneepflüge verwandeln können, damit können wir viele Straßen frei räumen.

Die Kinder legen ihre Hände zusammen und strecken die Ellbogen nach außen, sie schieben kriechend mit den abgewinkelten Armen die Schneeflocken zur Seite, sodass ganz viele Wege entstehen.

Das habt ihr ganz toll gemacht, jetzt haben wir alle wieder freie Fahrt!
Wollt ihr nun mal sehen, wie eure Körper im Schnee aussehen? Geht immer zu zweit zusammen. Ein Kind legt sich auf den Rücken, das andere legt die Wattebällchen am Körper entlang.

Ein Kind legt sich auf den Rücken und streckt Arme und Beine ein wenig zur Seite weg, das andere Kind nimmt Wattebällchen und legt diese an der Körpersilhouette entlang. Sind alle Wattebällchen gelegt, darf das Kind aufstehen und „sich“ ansehen. Die Kinder wechseln nun ab, bis jedes Kind „gelegt“ wurde.

Schauen Sie gemeinsam mit den Kindern die „Körper“ an und beenden so die Bewegungseinheit.

Schneebälle

Alter: ab 4 Jahren
Zutaten: (für etwa 25 Schneebälle)
Teig: 3 Eier (Größe M), 100 g Zucker, 100 g Mehl
Creme: 200 g Sahne, 1 Päckchen Sahnesteif, 200 g Magerquark, 1 EL Puderzucker, 1 Päckchen Vanillezucker, 50 ml Orangen- oder Ananassaft

75 g Kokosraspel zum Wälzen

- Den Backofen auf 175 Grad (Umluft 160 Grad) vorheizen und ein Backblech mit Backpapier auslegen.
- Eier und Zucker mit dem Handrührgerät 3 Minuten schaumig schlagen.
- Das Mehl auf einmal zugeben und unterheben.
- Den Teig auf dem Blech verstreichen und im Ofen (Mitte) in ca. 15 Minuten goldgelb backen. Nach dem Backen gut auskühlen lassen.
- In dieser Zeit die Creme herstellen. Die Sahne mit Sahnesteif steif schlagen.
- Den Quark, Puderzucker, Vanillezucker und Saft so lange rühren, bis es eine cremige Masse ist. Die geschlagene Sahne unterheben.
- Den Kuchen in kleine Stücke zupfen und zur Creme geben.
- Alles gut vermischen und aus der Masse ca. 25 Bällchen formen.
- Die Bällchen in den Kokosraspeln wälzen und im Kühlschrank aufbewahren.
- Als Alternative zum selbst gebackenen Biskuit kann ein fertiger Tortenboden dienen.

Massageregeln

Lassen Sie die Kinder sich ihre Massagepartner selber aussuchen. Zeigen Sie den Kindern, wie sie massieren sollen, dass sie nicht so fest drücken dürfen, da sie sonst ihrem Partnerkind Schmerzen bereiten. Knochen und Wirbelsäule dürfen nicht massiert werden. Bei Kindern mit langen Haaren ist es ideal, wenn die Haare zusammengebunden werden. Machen Sie die Bewegungen mit, damit die Kinder sehen, was sie tun sollen. Lesen oder erzählen Sie langsam und so leise wie möglich, schaffen Sie dadurch ein entspannendes Umfeld. Bitten Sie das zu massierende Kind, sich bequem hinzulegen oder sich mit dem Rücken zu seinem Partnerkind zu setzen. Natürlich kommt jedes Kind an die Reihe, nach dem ersten Mal wird gewechselt.

An einem Schneetag

Alter: ab 4 Jahren

Es ist an einem schönen Wintertag und wir sind im Garten, als es zu schneien anfängt.

Die Kinder tippeln vorsichtig mit den Fingerspitzen.

Die Schneeflocken schweben sanft hin und her, mal nach links, mal nach rechts, mal wirbeln sie im Kreis in der kalten Winterluft.

Die Kinder streichen mit den Fingerspitzen über den Rücken – hoch, runter, inks, rechts – und machen Kreise.

Nun formen wir aus dem frisch gefallenen Schnee eine Kugel, noch eine und noch eine ...

Die Kinder legen die flache Hand auf den Rücken, ballen sie zur Faust und streichen den Rücken rauf und runter. Das machen sie dreimal.

Aus diesen drei Kugeln setzen wir einen Schneemann zusammen, dabei streichen wir die Schneekugeln glatt.

Mit den Handflächen über den Rücken fahren.

Mit den Fingern malen wir ein Gesicht in die oberste Kugel.

Die Kinder malen ein Gesicht auf den Rücken.

Unser Schneemann ist fertig! Auch wir sind ganz weiß vom vielen Schnee an unserer Kleidung, den klopfen wir uns ab.

Die Kinder klopfen leicht auf den Rücken.

Jetzt nur noch den allerletzten Rest abstreifen.

Mit den Händen von oben nach unten über den Rücken wischen.

Fertig! Wir können nach Hause gehen.

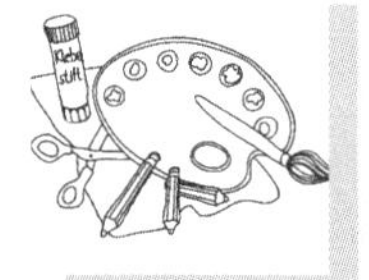

Schneeball aus Wolle

Alter: ab 4,5 Jahren
Material: weiße Wolle, Schere, Karton für die Vorlage, 1 Stopfnadel mit abgerundeter Spitze

Schneiden Sie zwei gleich große Pappringe zu und legen Sie diese genau aufeinander. Von der Wolle nehmen Sie etwa 3 – 4 m lange Stücke, diese legen Sie jeweils auf die Hälfte und ziehen sie so doppelt oder vierfach durch das Nadelöhr. Nun wird die Nadel durch die Pappringe gezogen, wobei die Fäden straff um beide Pappscheiben gewickelt werden. Umwickeln Sie die Scheiben möglichst gleichmäßig dick. Ist der erste Faden verbraucht, wird ein zweiter abgeschnitten und verarbeitet usw. Fertig ist man, wenn das Loch innen geschlossen ist. Schneiden Sie mit einer spitzen Schere die Fäden an der Außenseite dort ein, wo Sie die Ränder der beiden Pappscheiben vermuten.

Sobald ein Stück Pappe freigelegt ist, die Fäden zwischen den beiden Pappscheiben durchschneiden. Anschließend etwas Wolle zwischen die beiden Pappscheiben legen und möglichst stramm zusammenknoten. Die Pappscheiben jeweils an einer Stelle Richtung Mitte hin einreißen und entfernen. Zum Schluss den Pompon hier und da noch mit der Schere nachschneiden, damit er von allen Seiten aus betrachtet schön rund ist.

Das Schneemädchen

Russisches Märchen

Alter: ab 3 Jahren

Vor langer, langer Zeit lebten einmal ein Mann und seine Frau in einem kleinen Dorf. Sie hatten sich so sehr ein Kind gewünscht, doch leider hatten sie weder eine Tochter noch einen Sohn bekommen, was sie sehr traurig machte. Die beiden waren sehr einsam, denn sie hatten nur sich. Ihre einzige Freude war es, aus dem Fenster zu schauen und den Kindern beim Spielen zuzusehen. Eines Tages – es war Winter und es hatte viel geschneit, da sahen sie wieder einmal zu, wie die Kinder im Schnee spielten. Gerade waren sie dabei, eine große Schneekugel zu rollen, sie wollten einen Schneemann bauen.

Als das der Mann sah, überlegte er kurz und rief dann zu seiner Frau: „Komm, Frau, wir bauen auch einen Schneemann!" Die Frau freute sich über diese Idee: „Warum nicht?", erwiderte sie, „lass uns aber keinen Schneemann bauen, sondern ein Schneemädchen. Gott hat uns kein Kind gegeben, lass uns ein Kind aus Schnee bauen!"

„So machen wir es", stimmte der Mann sofort zu. Sie zogen sich warm an und gingen in den Hof. Dort machten sie sich an die Arbeit. Sie formten aus dem Schnee einen Körper mit Armen und Beinen, darauf setzten sie eine runde Schneekugel als Kopf. Die Frau drückte Augen hinein, formte Ohren, Näschen und Mund. Und plötzlich passierte es – das Schneemädchen atmete. Der Mann sah, wie sich seine Augen von selbst öffneten. Auch die Lippen wurden rot und lächelten freundlich. Das Schneemädchen neigte den Kopf, bewegte die Beine und Arme wie ein richtiges Kind.

„Was ist das? Kann das wahr sein?", murmelte der Mann. „Ach, Mann!", rief die Frau und zitterte vor Freude, „uns ist ein Kind geschenkt worden!" Da küsste die Frau das Schneemädchen und umarmte es. Dabei fiel der ganze Schnee von dem Mädchen ab – wie die Schale von einem Ei – und vor ihr stand tatsächlich ein lebendiges Mädchen.

„Oh, mein liebes Kind", freute sich die Frau und führte das Mädchen ins Haus. Der verblüffte Mann konnte das Wunder noch gar nicht begreifen und folgte ihnen.

Von diesem Tage an lebte das Schneemädchen den ganzen Winter bei ihnen. Es wuchs schnell und wurde immer schöner. Es lernte sprechen und erfreute alle mit seiner lieblichen Stimme. Im Haus der beiden Leute war es nun so schön, sie waren nie mehr einsam, denn das Haus war immer voller Kinder, die mit dem Schneemädchen spielen wollten. Die Kinder sangen und tanzten durchs Haus. Alle kamen gerne, denn die Frau gab ihnen selbst gebackene Kekse und der Mann spielte auf seiner Gitarre, wenn sie sangen. Das Ehepaar war so glücklich, dass sie das erleben durften.

Irgendwann verging der Winter. Die Frühlingssonne strahlte fröhlich am Himmel und wärmte die Erde. Auf den Wiesen erschien schon das erste Gras, und die Vögelchen zwitscherten lustig. Die Kinder kamen nun nicht mehr so oft ins Haus, sondern spielten im Garten. Nur das Schneemädchen spielte nicht mehr gerne draußen und wurde von Tag zu Tag trauriger.

„Was ist denn mit dir, mein liebes Kind?", fragte die Frau, „bist du krank? Warum bist du so traurig?" Das Schneemädchen antwortete ihr jedes Mal: „Es geht mir gut, liebe Mutter! Ich bin gesund." Der Frühling mit seinen warmen Tagen vertrieb dann auch den letzten Schnee. Die Wiesen und Gärten bedeckten sich mit Blumen. Die Nachtigall fing an zu singen. Alles wurde lebendiger und lustiger – nur das arme Schneemädchen suchte den Schatten, wenn es in den Garten ging. Es war ganz unglücklich, spielte nicht mehr mit den anderen Kindern und wurde erst lustig, wenn es regnete. Eines Tages zogen dicke Wolken vorbei. Sie brachten viele, viele Hagelkörner mit, die wie wunderschöne Glasperlen aussa-

hen – und das gefiel dem Mädchen. Doch als die Sonne wieder herauskam und der Hagel unter den Sonnenstrahlen zu tauen begann, da weinte das Mädchen so bitterlich, als habe es seine besten Freunde verloren.

„Die Kinder vom Dorf wollen mit dir auf der Wiese spielen", sagte am nächsten Tag die Frau zum Schneemädchen, „geh mit ihnen, bestimmt wird es mit ihnen lustig." Sie zog dem Schneemädchen das schönste Kleid an, küsste es und sagte: „Lauf los, mein Kind, amüsiere dich ein bisschen mit allen zusammen!" So gingen alle Kinder des Dorfes zusammen auf die Wiese. Dort flochten sie sich Blumenkränze, banden Blumensträußchen zusammen und sangen fröhliche Lieder. Als es zu dämmern begann, zündeten die Kinder ein Feuer aus trockenem Gras und Ästen an. Sie stellten sich in eine Reihe und sprangen eines nach dem andern über das Feuer. Zuletzt war das Schneemädchen an der Reihe. Als es sprang, rief es einmal laut „Au!", und schon war es verschwunden. Die Kinder schauten erschrocken. Wo war das Schneemädchen? „Wahrscheinlich hat es sich nur vor uns versteckt!" Sie suchten überall, aber es war nirgendwo. Sie riefen und riefen, doch niemand antwortete.

„Wohin konnte sie verschwinden?", fragten die Kinder. „Wahrscheinlich ist sie heimgelaufen", beruhigten sie sich und gingen zurück ins Dorf. Aber auch dort war das Schneemädchen nicht. Das ganze Dorf machte sich auf die Suche – am nächsten Tag und auch am übernächsten. Es gab keine Spur von dem Mädchen. Kein Mensch im Dorf ahnte, dass das Schneemädchen während des Sprunges über das Feuer geschmolzen war. Für den Mann und seine Frau war es besonders schlimm, sie weinten sehr, waren sie doch nun wieder allein und einsam. So beschlossen sie, zusammen an den Platz zu gehen, wo die Kinder das Schneemädchen das letzte Mal gesehen hatten. An der Feuerstelle – mitten zwischen den verbrannten Ästen – wuchs eine wunderschöne Blume. Lange Zeit stand das Ehepaar davor. „Ach du armes, einsames Blümchen", sagte die Frau. Und ganz leise wie ein Windhauch hörten die beiden eine liebliche Stimme: „Schaut doch, ich bin es, euer Schneemädchen!" Die beiden starrten die Blume an und ein Lächeln erhellte ihre Gesichter. Das war ihr Schneemädchen, es war immer noch da. So begab es sich, dass der Mann und die Frau jeden Tag zu der wunderschönen Blume, ihrem Schneemädchen, gingen, es hegten und pflegten. Jetzt waren sie zwar wieder allein, aber nicht mehr einsam, denn sie hatten die große Aufgabe, auf ihr Schneemädchen aufzupassen.

Schneeflocke Flocke

Lesen Sie den Kindern die Geschichte einmal vor, zeigen Sie ihnen danach die Instrumente und geben ihnen dabei die Möglichkeit diese auszuprobieren. Gemeinsam suchen Sie Schlagworte im Text und ordnen sie passenden Instrumenten zu.

Alter: ab 4 Jahren
Material: Instrumente (z. B. Triangel, Schellenkranz, Klangstab, Rassel, Trommel, Gong, Holzblocktrommel)

Zum Beispiel:

Schnee Schellenkranz (können mehrere Kinder spielen)
Flocke Triangel
Reh Holzblocktrommel
Bär Trommel
Fuchs Klangstab
Mäuse Rassel
Eule Gong

Lesen Sie die Geschichte erneut vor; machen Sie an Schlagwortstellen eine Sprechpause und die Instrumente setzen ein. Um den Einsatz zu erleichtern, hat sich Blickkontakt zu den Kindern bewährt.

Es ist eine kalte Winternacht, die Sterne funkeln am Himmel und es schneit.

Unter den vielen unterschiedlichen **Schneeflocken** *ist auch* **Flocke.**

Flocke *ist schon eine ganze Zeit unterwegs, denn der Weg vom Himmel bis zur Erde ist lang.* **Flocke** *ist eine kleine, aber sehr neugierige* **Schneeflocke**, *die immer alles wissen will. Sie freut sich auf das neue Abenteuer, auf neue Freunde, denn Freundschaften sind ihr besonders wichtig. So in Gedanken schwebt* **Flocke** *zur Erde und bleibt auf einem Baumstamm mitten im Wald liegen.*

Flocke *schaut sich um und entdeckt ein* **Reh**, *das durch den* **Schnee** *auf sie zu trabt. „Hallo, du liebes* **Reh**, *schön dich hier zu sehen. Was machst du, erzähl es mir", ruft* **Flocke** *ihm entgegen. Das* **Reh** *schaut sich kurz zu* **Flocke** *um. „Ich habe leider gar keine Zeit! Ich muss zur Futterkrippe, dort hat der Förster frisches Heu bereitgelegt", antwortet das* **Reh** *und springt durch den* **Schnee** *davon.*

Da stapft ein **Bär** *hinter einem mit* **Schnee** *bedeckten Baum hervor. Der* **Bär** *ist braun, groß und hat riesige Tatzen.* **Flocke** *ruft: „Hallo, du großer* **Bär**, *schön, dich hier zu sehen. Was machst du?" – „Was soll ich schon machen?", brummt der* **Bär**, *„ich suche nach Futter! Im Winter ist es für uns* **Bären** *schwierig, etwas zu fressen zu finden. Normalerweise verschlafe ich diese Zeit, aber irgendetwas hat mich geweckt, und jetzt habe ich Hunger!" Der* **Bär** *beugt seinen Kopf, schnüffelt am* **schnee***bedeckten Boden entlang und zieht brummig weiter.*

Da tippelt leichtfüßig ein **Fuchs** *an* **Flocke** *vorbei. „Halt,* **Fuchs**, *du bist ein schöner* **Fuchs**, *was machst du denn?" – „Mir ist zu kalt zum Reden, ich muss schnell in meinen* **Fuchs***bau", erwidert der* **Fuchs** *und will weitergehen. „Aber du bist doch ein* **Fuchs**, *du hast doch so ein schönes rotbraunes Fell, da wird dir doch nicht kalt!", behauptet* **Flocke**. *Da schaut der* **Fuchs** *nur kurz* **Flocke** *an und verschwindet in seinem mit* **Schnee** *bedeckten* **Fuchs***bau.*

Eine **Mäuse***familie schleicht an* **Flocke** *vorbei. Die* **Mäuse** *sind so leise, dass* **Flocke** *sie fast gar nicht bemerkt hätte, hätte nicht eins der* **Mäuse***kinder leise geniest. „Hallo, ihr kleinen* **Mäuse**, *schön, euch hier zu sehen. Ihr habt bestimmt Zeit, mit mir zu erzählen", sagt* **Flocke**. *„Nein, wir müssen weiter, die Katze sucht nach uns, die hat heute besonders großen Hunger auf kleine Mäuse", piepsen die* **Mäuse** *im Chor und tippeln so schnell sie können durch den* **Schnee** *davon.*

Da sitzt die kleine **Flocke** *nun auf ihrem Baumstamm und wird langsam traurig, niemand bleibt bei ihr und will reden.*

Das beobachtet eine **Eule**, *oben auf ihrer* **schnee***bedeckten Baumkrone. Sie fliegt herunter und spricht: „Hallo,* **Flocke**, *ich hätte etwas Zeit für dich."* **Flocke** *schaut die* **Eule** *erfreut an. „Danke, liebe* **Eule**, *dass du dir Zeit für mich nimmst. Soll ich dir ein paar Witze erzählen?" – „Sehr gerne", antwortet die* **Eule**.

Und so erzählten **Flocke** *und die* **Eule** *sich einen Witz nach dem anderen. Die* **Eule** *musste so lachen, dass sie ab und zu in den* **Schnee** *kullerte.* **Flocke** *und die* **Eule** *verstanden sich so gut, dass die* **Eule** *nun immer, wenn sie Zeit hatte, die kleine* **Flocke** *besuchte, um sich Geschichten und Witze zu erzählen ...*

Wörter mit „Schnee"

Mit dieser Beschäftigung können Sie Sprache gezielt fördern. Über die Kombination der Bildkarten erweitern die Kinder spielerisch und kindgemäß ihre sprachlichen Ausdrucksmöglichkeiten und trainieren zugleich auch die visuelle Wahrnehmung.

Alter: ab 4 Jahren
Material: Bildkarten (Kopiervorlage s. Anhang, S. 88)

Schneiden Sie die Karten aus und zeigen Sie den Kindern am Anfang nur die Bildkarten – ohne die Schneekarten. Die Kinder erzählen, was sie sehen. Lassen Sie sich die Bilder von den Kindern beschreiben. Leiten Sie dazu über, wie die Dinge aussehen, wenn das Wort „Schnee" davorgesetzt wird.

Legen Sie eine Schneekarte nach der anderen und ordnen die Bildkarten zu.

Schneeflocken

Alter: ab 2,5 Jahren

Viele Schneeflocken schweben durch die Luft und machen dabei einen Tanz.
Mit den Fingern einer Hand wackeln und sie langsam von oben nach unten bewegen, dabei hin und her schwenken.
Sie drehen sich dabei im Kreis.
Die Hand drehen.
Sie schweben manchmal Richtung Boden und auch wieder nach oben.
Die Hand nach unten strecken und nach oben.
Der Wind weht sie mal nach rechts und auch mal nach links.
Die Hand von rechts nach links schwenken.
Die Schneeflocken haben viel Spaß und setzen sich auf deine Nase!
Nacheinander berühren alle Finger die Nase.
Doch von der Nase rutschen sie ab. Erst auf deinen Bauch, dann rutschen sie weiter und landen am Boden.
Die Hand streicht am Körper entlang und berührt den Boden.
Lange liegen sie nicht dort, denn zwei Hände heben sie hoch.
Beide Hände greifen zum Boden.
Sie werden gedrückt und geformt ...
Die Hände aneinanderreiben.
Ein Schneeball zum Werfen sind sie geworden!
Mit den Händen einen Kreis fahren.

Schneeflocken fallen zur Erde

Alter: ab 4 Jahren
Material: Arbeitsblatt (Kopiervorlage s. Anhang, S. 87), Stifte

Die Kinder lassen die Schneeflocken mit Stiften in verschiedenen Farben von oben nach unten schweben. Sie empfinden so den Tanz der Schneeflocken nach.

Eis, Eis und noch mal Eis

Kalt oder warm

Bei diesem Experiment stellt sich heraus, dass wir gleiche Temperaturen unterschiedlich wahrnehmen. Unser Temperaturempfinden ist relativ.

Füllen Sie die Schüsseln mit kaltem, lauwarmem und heißem Wasser – aber nur so heiß, dass die Kinder gerade noch hineinfassen können (!) – und stellen Sie diese nebeneinander auf den Tisch – die lauwarme in die Mitte!

Die Kinder tauchen kurz ihre Finger in die Schüsseln ein, um die einzelnen Temperaturen zu erfühlen und zu benennen.

Der Reihe nach führen die Kinder folgenden Versuch aus:

Ein Kind taucht eine Hand in die Schüssel mit kaltem Wasser und gleichzeitig die andere Hand in die Schüssel mit heißem Wasser.

Nach ca. 30 Sekunden nimmt das Kind seine Hände heraus und taucht sie sofort in die mittlere Schüssel mit lauwarmem Wasser.

Obwohl am Schluss beide Hände in derselben Schüssel sind, empfindet die Hand, die zuvor im kalten Wasser war, das lauwarme Wasser als heiß, während die Hand, die zuvor im heißen Wasser war, es als kalt empfindet.

Alter: ab 4 Jahren
Material:
3 Schüsseln, kaltes, lauwarmes und sehr warmes (heißes) Wasser, Uhr mit Sekundenzeiger

Erklärung: Unser Körper kann sich mit der Zeit an verschiedene Temperaturen gewöhnen und empfindet sie dann nicht mehr so extrem. So erscheint uns im Hochsommer bei 35 °C Lufttemperatur das 24 °C warme Wasser im Schwimmbecken erfrischend kühl. Sind wir dagegen im Winter auf kalte Temperaturen eingestellt, empfinden wir 15 °C Lufttemperatur schon als angenehm warm. Unser Kälte- und Wärmegefühl kann also immer nur Vergleichswerte wiedergeben und ist deshalb ungenau.

Thermometer

Diese Beschäftigung knüpft an die vorangegangene Warm-kalt-Übung an. Hier machen sich die Kinder mit dem Thermometer vertraut, sie sollen seinen Nutzen erkennen und einzelne Temperaturen kennenlernen.

Alter: ab 4 Jahren
Material: 1 Thermometer aus dem Gefrierfach, 3 Schüsseln mit warmem, lauwarmem und heißem Wasser, 3 Badethermometer (Flüssigthermometer)

Betrachten Sie mit den Kindern ein Thermometer und lassen Sie sich mögliche „Aufgaben" beschreiben. Fragen Sie auch nach Einsatzorten von Thermometern (Wetterstation, Badewasser usw.).

Stellen Sie nun wieder die drei Schüsseln Wasser dazu und fragen Sie, wie sich ein Thermometer verändert, das in heißes Wasser gehalten wird. Geben Sie in alle drei Schüsseln ein Thermometer und lassen Sie die Kinder die Messwerte vergleichen.

Die Kinder erfahren: Wenn es heiß ist, steigt die Säule im Thermometer, wenn es kalt wird, fällt sie. Als Abschluss holen Sie ein Thermometer aus dem Gefrierfach und zeigen ihnen dieses.

Aus Eis wird Wasser

Kinder müssen alles anfassen. Das ist ihre natürliche Art, Dinge zu erforschen, und das ist wichtig für ihre geistige Entwicklung.

Alter: ab 4 Jahren
Material: Wasser, Eiswürfel, Handtücher, verschiedene Plastikgefäße (leere Joghurtbecher, leere Milchtüte, Luftballon ... evtl. Plastikhandschuh), Glas

Die Kinder versammeln sich um einen Tisch, auf dem in der Mitte ein Glas Wasser steht. Die Kinder erzählen sogleich, was sie sehen. Legen Sie einen Eiswürfel daneben und beschreiben Sie die Unterschiede.

Die Kinder dürfen beides auch anfassen. Jedes Kind bekommt einen Eiswürfel in die Hand. Sie dürfen spüren, wie kalt das Eis ist, und damit experimentieren. Ein Handtuch als Unterlage ist hier sehr praktisch!

Mit der Zeit stellen die Kinder fest, dass das Eis schmilzt und zu Wasser wird. Eis braucht eine kalte Umgebungstemperatur, um nicht zu schmelzen. Wie kalt, das haben sie schon anhand des Thermometers festgestellt. Füllen Sie gemeinsam mit den Kindern verschieden große Plastikgefäße, z.B. einen leeren Joghurtbecher, eine leere Milchtüte, auch einen Luftballon mit Wasser. Stellen Sie diese in den Gefrierschrank. Sehen Sie mit den Kindern gemeinsam 2 – 3 Stunden später nach, was passiert ist. — Das Wasser ist gefroren!

Tipp: Einen Plastikhandschuh mit Wasser füllen und ins Gefrierfach legen.

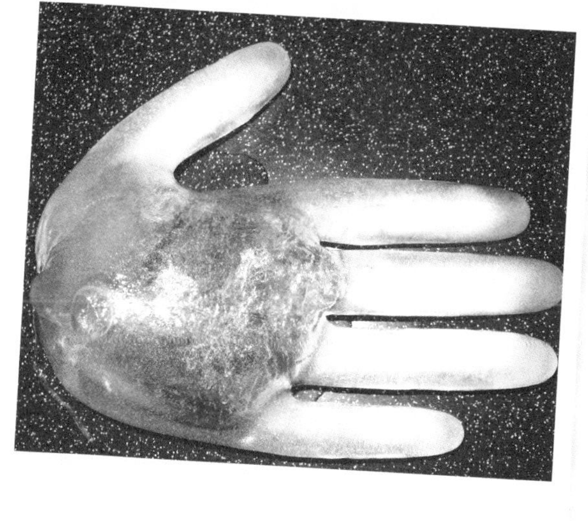

Eisberg

Eisberge sind riesige schwimmende Eismassen, die nur zu einem kleinen Teil ihrer Masse über der Meeresoberfläche aufragen. Sie entstehen, indem ein Stück des Inlandeises oder eines Polargletschers abbricht. Da sich Wasser ausdehnt, wenn es gefriert, verliert es dadurch an Dichte. So wie ein Eiswürfel in einem Glas Wasser schwimmt und nicht untergeht, schwimmen also auch die riesigen Eisberge im Meer, ohne zu versinken. Im Wasser schwimmend treiben sie nach Norden in den Pazifik und legen dabei mehrere Tausend Kilometer zurück. 1956 beobachtete man den größten Eisberg; er hatte eine Ausdehnung von 31.000 km^2 und war damit größer als Belgien. Eisberge sind für die Schifffahrt eine große Gefahr, weil ihr größter Teil unter Wasser liegt und die Schiffe schwer beschädigen kann. Dies zeigt das Beispiel der Titanic. Für den Begriff „Eisscholle" gilt die gleiche Erklärung, auch diese ragt unter die Wasseroberfläche und kann genauso gefährlich sein.

Eisberg in Sicht

Alter: ab 2,5 Jahren

Ein Schiff fährt übers Meer.
Handkante hochhalten und vor dem Körper hin und her „fahren"
Da kommt ein Eisberg in Sicht,
Arm hochhalten
der ist groß und spitz.
Über dem Kopf ein Dach formen
Was macht da unser Schiff, es stoppt erst mal.
Handkante vor den anderen Arm halten
Soll es rechts herum oder links herum?
Handkante bewegt sich vor dem Arm hin und her
Oder doch lieber im Kreis herum?
Hand umkreist den Arm
Und dann auf einmal – bums
Hände klatschen zusammen
das Schiff fällt um.
Hand auf den Oberschenkel legen

Tipp: Stellen Sie nach diesem Fingerspiel eine Schüssel Wasser und Eiswürfel in die Mitte, geben Sie ein paar Boote dazu. Die Kinder können damit spielen und es macht ihnen garantiert riesigen Spaß.

Eisberge im Wasserglas

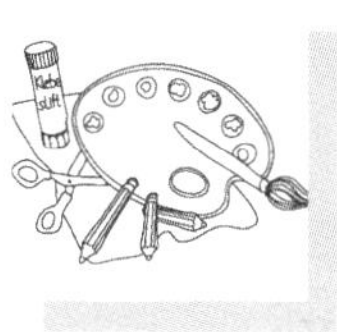

Zeigen Sie den Kindern das Bild eines Eisberges und geben Sie einige Informationen dazu. Wie er entsteht und vor allem, warum und wie er im Wasser treibt. Nehmen Sie ein Trinkglas und einen Eiswürfel. Den Eiswürfel werfen Sie ins Glas und füllen es mit Wasser auf. So können die Kinder sehen, wie viel Eis aus dem Wasser ragt. Dies kann man mit einem Eisberg vergleichen. Sie können natürlich auch einen großen „Eisberg" (Luftballon und Wasser) in einer Glasschüssel schwimmen lassen.

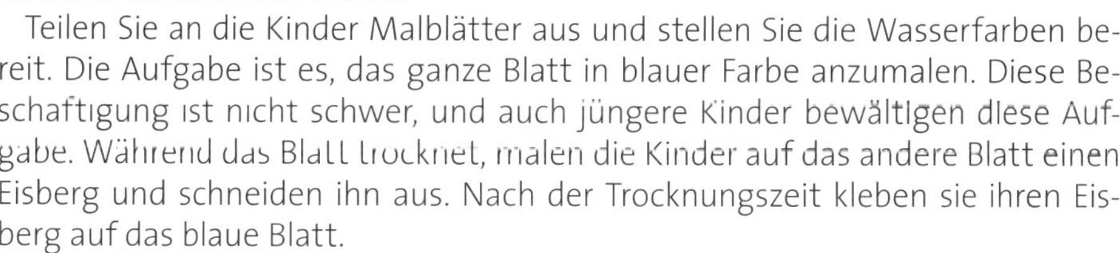

Teilen Sie an die Kinder Malblätter aus und stellen Sie die Wasserfarben bereit. Die Aufgabe ist es, das ganze Blatt in blauer Farbe anzumalen. Diese Beschäftigung ist nicht schwer, und auch jüngere Kinder bewältigen diese Aufgabe. Während das Blatt trocknet, malen die Kinder auf das andere Blatt einen Eisberg und schneiden ihn aus. Nach der Trocknungszeit kleben sie ihren Eisberg auf das blaue Blatt.

Wann gefriert Wasser nicht?

Bei dieser Beschäftigung probieren die Kinder aus, wann Wasser nicht gefriert. Dabei haben sie freie Hand und alles ist möglich!

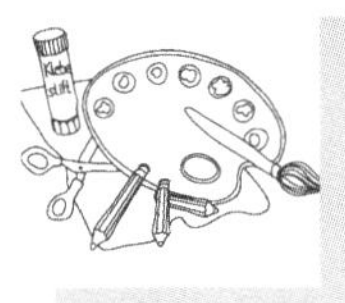

Auf einem Tisch stehen die Becher und eine mit Wasser gefüllte Gießkanne bereit. Fragen Sie noch mal in die Runde, wie und wo Wasser gefriert. Ist es möglich, das irgendwie zu verhindern? Nehmen Sie die Ideen der Kinder an und lassen Sie sie möglichst alles ausprobieren.

Eine Idee wird wie folgt umgesetzt: Ein Kind macht einen Vorschlag, sucht das Material, das es braucht, gibt es in einen Becher und füllt diesen mit Wasser.

Das können Legosteine, Papier, Sand, Löffel, Zucker ... sein. Wenn nicht schon ein Kind darauf gekommen ist, fügen Sie zum Schluss einen Becher mit gesättigtem Salzwasser (so viel Salz, dass es sich nicht mehr auflöst) hinzu.

Anschließend kommen alle Becher ins Gefrierfach oder, wenn es draußen kalt genug ist, auch ins Freie. Am nächsten Tag schauen alle nach, was passiert ist. Alles ist gefroren, bis auf das Salzwasser, denn das gefriert erst ab -21 °C, und so kalt ist es nicht in der Gefriertruhe.

Alter: ab 4 Jahren
Material: 20 – 30 Becher, Wasser, Gießkanne, alles, was die Kinder zu ihrem Versuch vorschlagen, Salz

Eiswürfel angeln

Alter: ab 5 Jahren
Material: Wolle, Salz im Streuer, Eiswürfel, 1 Stift, Wasser in einer Schüssel

Die Kinder binden einen ca. 20 cm langen Wollfaden an einem Stift fest und schütten den Eiswürfel in eine Schüssel mit Wasser. Dann streuen sie etwas Salz auf den Eiswürfel und legen das Ende der Wolle auf die salzige Stelle. Sie warten einen Moment und heben dann die Angel an. Der Eiswürfel hängt am Wollfaden.

Wenn die Kinder den Eiswürfel und den Faden genauer anschauen, dann können sie sehen, dass die Wolle am Eiswürfel angefroren ist.

Erklärung: Das Salz lässt den Eiswürfel ein wenig schmelzen, weil es sich auflösen will. Dadurch bildet sich auf dem Eiswürfel eine dünne Wasserschicht. Dorthinein legen wir den Faden, der Faden wird nass, das Salzwasser wird verdünnt und nach ein paar Sekunden gefriert das Wasser, der Faden ist fest.

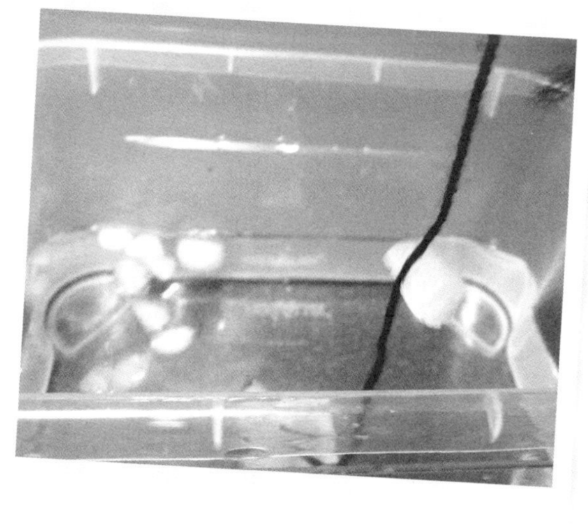

Eiswürfel-Türme

An dieser Beschäftigung können auch jüngere Kinder teilnehmen. Sie bauen einen Turm aus Eiswürfeln, den sie hochheben können.

Alter: ab 3 Jahren
Material: Eiswürfel, Salzstreuer, Unterlage (Tablett)

Die Kinder nehmen sich einen Eiswürfel, bestreuen ihn mit etwas Salz, setzen darauf einen anderen Eiswürfel, streuen wieder etwas Salz ... Das wiederholen sie mehrmals.

Wie hoch können sie den Turm bauen, damit sie ihn noch hochheben können? Was lässt sich mit Eiswürfeln noch bauen?

Auf dem Eis

Alter: ab 3 Jahren
Material: Gymnastikstäbe, Twist-off-Deckel (Gurken-, Marmeladengläser), Kegel, Teppichfliesen

Die Kinder kommen in den Bewegungsraum und erfahren, was sie heute gemeinsam erleben werden: „In den letzten Tagen habt ihr viel über Wasser, Kälte und Eis gehört. Heute wollen wir gemeinsam erleben, was für viele tolle Sachen wir machen können, wenn ein ganzer See zufriert und sich darauf eine feste Eisschicht bildet ..."

In den letzten Wochen ist es sehr kalt geworden. Mit euch zusammen möchte ich nun einen Spaziergang zu einem zugefrorenen See machen. Lasst uns nun gemeinsam losgehen.

Die Kinder stehen auf und gehen durch den Raum.

Der See ist von einer dicken Eisschicht überzogen und auf diesem Eis drehen Eisläuferinnen und Eisläufer ihre Runden. Schaut mal, was die für Schuhe anhaben. Das sind Schlittschuhe – und die ziehen wir uns jetzt auch an.

Pantomimisch Schuhe anziehen.

Kommt, wir laufen los. Oje, das ist aber rutschig.

Über den Boden schlurfen und mit den Armen balancieren.

Wir können auch schneller, wie beim Eisschnelllaufen!!

Mit langen Schritten nach vorn gebeugt „schneller schlurfen" und dabei die Arme mitnehmen.

Jetzt machen wir mal Eiskunstlauf und hüpfen und drehen uns auf dem Eis.
Hüpfen und Pirouetten drehen.
Schaut mal, da spielen welche Eishockey.
Gymnastikstäbe nehmen und einander die Scheibe (Deckel) zuspielen.
Wer kann einen Slalom mit seiner Scheibe bewältigen?
Kegel aufstellen, die die Kinder nacheinander umrunden
Wer kann das Tor treffen?
Zwei Kegel im Abstand von 1m als Tor aufstellen. Die Kinder versuchen , mit der Scheibe ins Tor zu treffen. Den Abstand zum Tor immer weiter vergrößern.
Anschließend kommen alle wieder zusammen und legen die Stäbe und Deckel ab.
Wenn das Eis schmilzt, dann bricht es und es bleiben nur noch einzelne Flecken, die Eisschollen, übrig. Auf diesen müssen wir jetzt entlanglaufen.
Teppichfliesen auf dem Boden verteilen und die Kinder laufen darüber.
Oje, der Abstand zwischen den Eisschollen wird größer!
Den Abstand zwischen den Fliesen vergrößern, sodass die Kinder fast springen müssen.
Zum Abschluss zeige ich euch jetzt noch ein Spiel, das nennt sich Eisschollen-hüpfen. Jedes Kind bekommt zwei Teppichfliesen und muss von einer Seite zur anderen gelangen, ohne den Boden zu berühren. Legt also immer eine Fliese vor die andere.
Zeit zum Ausprobieren lassen.
Wem gelingt es, den ganzen Raum so zu durchqueren?

Eislichter

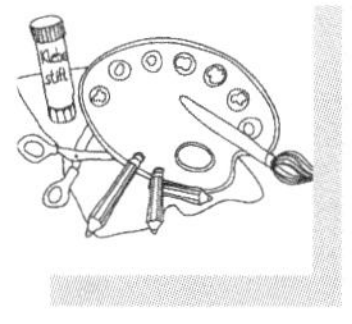

Die Eislichter sind vielseitig und eine schöne Dekoration in jedem Garten.

Alter: ab 5 Jahren
Material: pro Eislicht. 1 Plastikbehälter, Wasser, 100 g Salz, 1 Teelicht, etwas Schnur oder Draht, 1 leere Plastikflasche

So wird's gemacht:

- Den Plastikbehälter etwa drei viertel mit Wasser füllen.
- Eine Salzwasserlösung herstellen. Diese sollte annähernd gesättigt sein, d.h. so viel Salz in die Flasche geben, bis es sich am Boden absetzt, sich nicht mehr lösen kann. Die Salzwasserlösung nennt man auch eine Kältemischung, denn sie wird bis zu einer Temperatur von -21 °C nicht einfrieren.
- Die Flasche nur mit so viel Salzlösung füllen, dass sie schwimmend etwa zu zwei Dritteln ihrer Länge in dem Plastikbehälter versinkt.
- Die Flasche mit einer Schnur oder einem Draht so fixieren, dass sie etwa mittig im Behälter „schwimmt".
- Über Nacht in den Gefrierschrank stellen.
- Am nächsten Tag holen die Kinder ihre Eislichter aus dem Gefrierschrank und lassen sie kurz stehen. Dadurch tauen die Lichter ein wenig und die Kinder können den Becher und die Flasche entfernen.
- Nun nur noch das Teelicht hineingeben und in den Garten stellen. Fertig ist eine eisige Gartenbeleuchtung.

Eis-Experimente

Die drei nachfolgenden Eis-Experimente sind ganz einfach und werden die Kinder zum Staunen bringen. Sie werden dabei etwas lernen und viel Spaß haben. Die Erklärungen brauchen Kindergartenkinder nicht unbedingt zu verstehen, es sind die Experimente, die sich bei ihnen als wertvolle und wichtige Sinneserfahrungen einprägen werden.

Alter: ab 4 Jahren
Material: 1 Schüssel mit flachem Boden, Wasser, 1 Spielfigur, Eiswürfel, 2 Steine

Nasse Füße

Hier bei diesem Versuch zeigen Sie den Kindern, dass es auf den Meeresspiegel keine Auswirkungen hat, wenn Eisberge schmelzen.

Versuch 1
In die Schüssel einen Stein hinein- und ca. 20 Eiswürfel dazulegen. Mit so viel Wasser auffüllen, dass der Stein nicht ganz bedeckt ist.

Die Spielfigur auf den Stein stellen. Und warten!

Lassen Sie die Kinder schätzen, wann die Figur nasse Füße bekommt. Die Kinder beobachten die nächste Zeit das Experiment.

Nach etwa 2 Stunden sind alle Eiswürfel geschmolzen und der Mann hat keine nassen Füße bekommen!

Das geschmolzene Wasser nimmt exakt den Raum des vorher verdrängten Wassers ein. Also bleibt der Wasserspiegel gleich. (Eisberge)

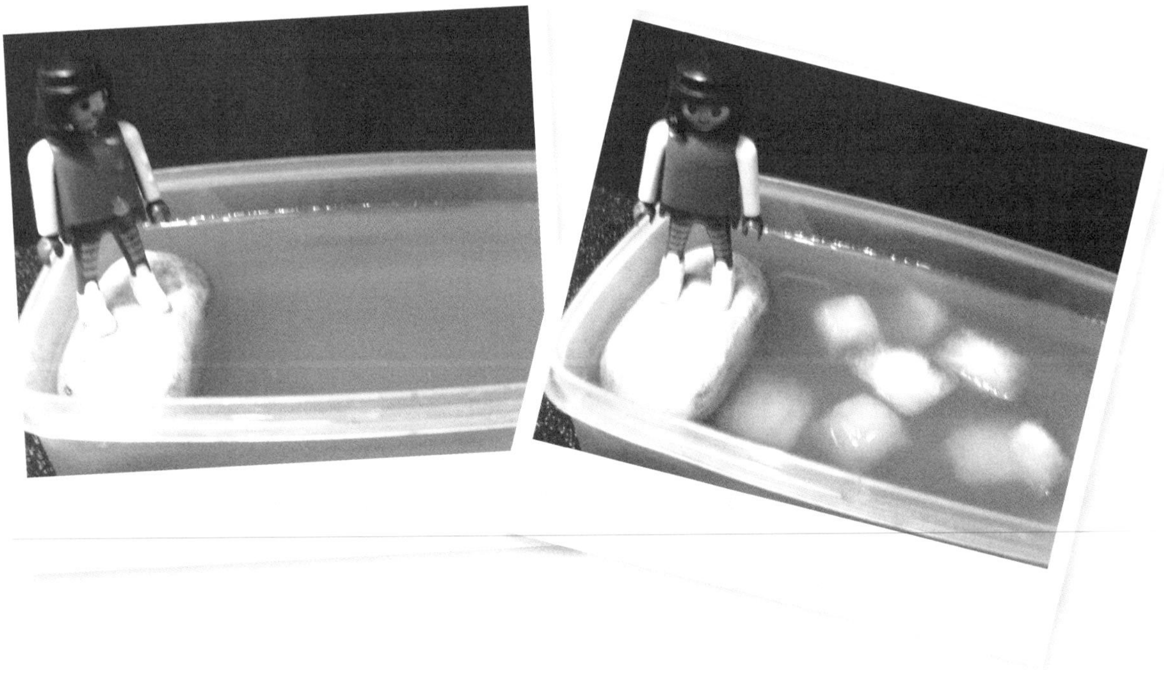

Versuch 2
Das gleiche Experiment wiederholen, doch jetzt kommen die Eiswürfel nicht ins Wasser, sondern auf einen Stein auf der anderen Seite.

Wenn jetzt die Eiswürfel geschmolzen sind, hat der Mann nasse Füße! Der Wasserspiegel ist gestiegen. (Inlandeis)

Eis verformt eine Flasche

Material: zerkleinertes Eis, Plastikflasche mit Deckel

Etwas zerkleinertes Eis in die Flasche füllen und mit dem Deckel verschließen. Die Flasche kräftig schütteln, sodass die Wände abkühlen, und sie flach auf den Tisch legen. Was passiert? Die Flasche zieht sich wie von Geisterhand zusammen und verformt sich.

Warum ist das so? Das Eis kühlt die Luft in der Flasche ab, dadurch zieht sie sich zusammen und nimmt an Volumen ab. Die Luft von außen drückt auf die Wände der Flasche und verformt sie.

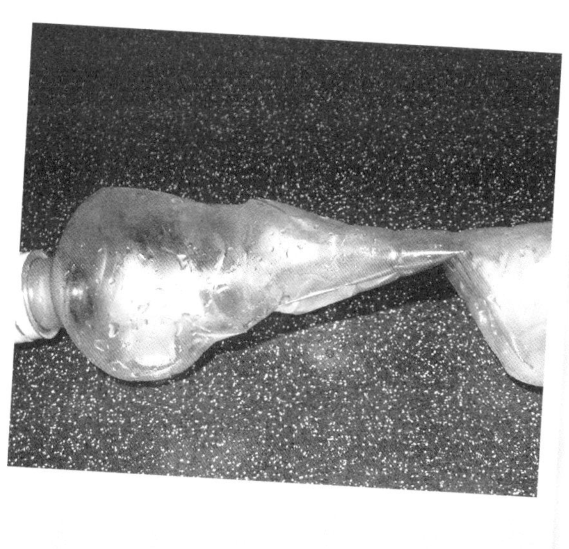

Material: Becher oder Schüssel mit Deckel, 2 Gläser, Wasser

Eis braucht Platz

Versuch 1

Füllen Sie einen Becher randvoll mit Wasser und stellen ihn ins Gefrierfach oder bei Frost in den Garten oder auf den Balkon. Legen Sie den Deckel auf die Öffnung des Bechers.

Was passiert? Wenn die Kinder den Becher am nächsten Tag betrachten, ist das Wasser gefroren, über den Rand des Bechers gestiegen und hat den Deckel angehoben.

Versuch 2

Dieses Phänomen können Sie sehr anschaulich zeigen, indem Sie in zwei gleiche Gläser etwa 2 cm Wasser füllen und eines für 2 Stunden in den Gefrierschrank stellen.

Was passiert? Stehen beide Gläser nebeneinander, so hat das Eis im Glas einen höheren Stand als das Wasser im Glas.

Das Wasser dehnt sich aus, wenn es gefriert. Deshalb keine vollen, geschlossenen Glasflaschen in das Gefrierfach legen, da diese platzen können.

Tiere, die in der Kälte leben

Steckbrief Eisbär

Aussehen: Der Eisbär gehört zu den Großbären und ist eines der größten Raubtiere. Sein Verwandter ist der Braunbär. Er kann bis zu 2,50 m lang werden und zwischen 400 und 700 kg wiegen. Das Fell des Eisbären sieht gelblich weiß aus, denn die Haare sind durchsichtig, sodass die schwarze Haut durch die Sonne gewärmt wird. Eisbären haben kleine Ohren und Schwimmhäute zwischen den Zehen.

Lebensraum: Eisbären leben in der gesamten Arktis. Für den Winterschlaf gräbt der Eisbär sich in eine Schneehöhle ein und lässt sich einschneien.

Nachwuchs: Meistens bekommen die Eisbären zwei Junge, die bei der Geburt etwa 450 g wiegen. Die Kleinen können weder sehen noch hören und sind nur dünn mit weißem Flaum bedeckt. Nach zwei Monaten wiegt ein Junges etwa so viel wie ein neugeborener Mensch. Drei Monate bleiben die Jungen mit der Mutter in der Schneehöhle, dann begleiten sie sie bei der Jagd. Insgesamt bleiben sie etwa zwei Jahre bei der Mutter.

Nahrung: Die Eisbären ernähren sich von Fleisch und Fisch. Sie fressen im Sommer manchmal auch Beeren. Eisbären haben außer dem Menschen kaum Feinde. Eisbären sind sehr neugierig. Sie besuchen häufig menschliche Siedlungen oder Forschungsstationen, fallen aber nur selten Menschen an.

Ab heute bin ich groß!

Alter: ab 3 Jahren

Am Nordpol, am Fuße eines mächtigen Eisberges, lebe ich, Baby Bär, mit meiner Bärenfamilie, und das sind: der riesige Papa Eisbär, die allerliebste Mama Eisbär, die große Schwester Bärabella und dann noch ich, Baby Bär. Wir sind nicht irgendwelche Bären, sondern schöne weiße Eisbären. Darauf bin ich stolz, aber langsam bin ich zu groß für den Namen Baby Bär.

Und heute ist mein Geburtstag. Also beschließe ich, ab heute bin ich kein Baby mehr, ab heute bin ich groß. Bald gehe ich mit Papa auf die Jagd. Ich freue mich schon sehr darauf und kann es fast nicht mehr erwarten. Aber jetzt, jetzt feiere ich erst mal gemeinsam mit meinen Freunden meinen Geburtstag! Meine Mama hat für uns eine große Fischtorte gemacht, die steht schon auf dem Geburtstagstisch.

Es klopft an der Tür. So schnell ich kann, renne ich hin und reiße die Tür auf.

„Stopp! Halt! Nicht so eilig!", ruft Mama Eisbär hinter mir her. „Baby Bär, du musst immer erst fragen, wer da ist, damit du weißt, wer vor der Tür steht", tadelt mich meine Mutter. „Das weiß ich", murmel ich trotzig, schlage die Tür vor den Nasen meiner Freunde wieder zu und frage: „Wer ist da?" Meine Freunde sind total verdutzt, aber sie rufen im Chor: „Wir sind's, deine Freunde!" – „Da stehen meine Freunde", verkünde ich und öffne die Tür erneut. Meine verdutzten Freunde nehmen mich in den Arm und wünschen mir alles Gute.

Sie legen die Geschenke im Wohnzimmer auf einen Haufen. Ich stürme sofort hin und reiße sie neugierig auf. Das erste, dann das zweite und das dritte. Da höre ich schon wieder meine Mama: „Baby Bär, bedanke dich bitte bei deinen Freunden für die Geschenke." – „Das weiß ich, ich bin schon groß!", rufe ich wütend. Ich gehe zu meinen Freunden, gebe jedem die Hand und sage ihm, wie toll ich das Geschenk finde.

Da habe ich eine Idee! Ich stelle mich vor alle hin und sage mit fester Stimme: „So, ab heute bin ich groß und ich heiße nicht mehr Baby Bär!" – „Wie sollen wir denn dann zu dir sagen, wie willst du denn heißen?", fragen meine Gäste. Leider kann ich ihnen darauf noch keine Antwort geben, weil ich mir noch nichts überlegt habe. Also essen wir zuerst zusammen was von der leckeren Fischtorte. Ich schaffe es, alle Kerzen mit einem Mal auszupusten, und darf sogar mit dem scharfen Messer die Torte anschneiden. Dass dabei Papas Hand auf meiner liegt, das spielt keine Rolle.

Voller Vorfreude kratze ich den Guss von meiner Torte, denn das Beste hebe ich mir bis zum Schluss auf. Der Kuchen schmeckt so lecker, dass ich mir schnell beide Backen vollstopfe.

„Baby Bär, mach bitte beim Kauen den Mund zu", bittet mich meine Mama leise. „Mach ich doch", behaupte ich trotzig, und schon fällt mir etwas Torte auf den Tisch. Wütend mach ich den Mund zu und esse langsam Bissen für Bissen. Meine Freunde sind längst fertig und warten nur auf mich. Und weil ihnen langweilig ist, fragen sie mich: „Hast du dir jetzt einen Namen überlegt?" Ich schüttle nur den Kopf, denn ich darf ja beim Essen nicht sprechen. Als auch ich endlich fertig bin, gehen wir raus zum Spielen. „Baby Bär, pass aber auf und geh nicht zu nah ans Wasser", ruft Mama zum Abschied hinter mir her. „Wir wissen jetzt, was wir machen wollen! Wir suchen dir einen neuen Namen", rufen meine Freunde mir entgegen. „Willst du vielleicht Kurti heißen oder Hacki oder Flecki oder Weißi?" Meinen Freunden macht es richtig Spaß, mir einen Namen zu suchen, und die werden immer verrückter, wie Tischbein, Fredchen, Mausi, Fanti. Jetzt habe ich wirklich genug, ich dreh mich um und gehe einfach davon. Ich gehe ans Wasser und ärgere mich: „Niemand nimmt mich ernst. Die haben ja auch alle einen Namen und heißen nicht Baby. Baby, das ist doch gar kein Name und ich will jetzt groß sein." Ich bin jetzt richtig wütend und beginne mit

Schneebällen auf die vorbeischwimmenden Robben zu werfen. Doch denen gefällt das gar nicht und ohne, dass ich es bemerke, kommt doch ein riesiges Walross auf mich zu. „Hey du, was soll das, willst du mich böse machen?“, brummt das Walross mit tiefer Stimme. Da erschrecke ich und laufe schnell davon. Ich renne in unser Zuhause und verstecke mich in den Armen meiner Mutter. „Baby Bär, was hast du, was hat dich erschreckt?“ Leider bin ich nicht so mutig, meiner Mama zu erzählen, was ich getan habe. Also halte ich lieber meinen Mund. „Bist du immer noch traurig wegen deines Namens. Papa und ich haben uns überlegt, dass du wirklich schon zu groß für den Namen Baby Bär bist. Wie gefällt dir der Name Bärlo?“ Ich strahle meine Mutter an und nicke. Doch im gleichen Augenblick fällt mir ein, was ich gerade angestellt habe, und dafür habe ich keine Belohnung verdient. Also erzähle ich meiner Mama und meinem Papa, dass ich die Robben geärgert habe. „Da hast du dich wirklich wie ein Baby benommen. Du gehst jetzt hin und entschuldigst dich, wenn du deinen neuen Namen behalten willst“, sagt mein Vater streng. Also trotte ich los und stehe bald ängstlich vor dem Walross und den Robben. „Ich, ich möchte mich entschuldigen, dass ich die Schneebälle geworfen habe“, stammele ich. Und schon platze ich mit meiner ganzen Geschichte heraus, warum ich mich geärgert habe. Da schaut mich das riesige Walross verständnisvoll an und nimmt meine Entschuldigung an. „Aber nur, wenn du uns versprichst, uns nie mehr zu bewerfen. Du könntest uns verletzen!“ Glücklich trotte ich nach Hause. Dort klopft mir mein Papa auf die Schulter und begrüßt mich: „Und, Bärlo, alles erledigt?“ – „Ja, alles erledigt! Und weißt du was, Papa? Wenn du Bärlo zu mir sagst, das gefällt mir sehr! Das ist der schönste Geburtstag, den ich je hatte, denn ab heute bin ich groß.“

In der Arktis lebt ein Eisbär

Alter: ab 4 Jahren
Material: für jedes Kind Buntstifte und eine Malvorlage (s. Anhang, S. 89)

Die Kinder erhalten jeweils eine Malvorlage und Buntstifte.

Lesen Sie die Geschichte vor und lassen Sie die Kinder danach die Malvorlage mit den Details aus der Geschichte ausmalen. Geben Sie Tipps nur, wenn es notwendig ist.

In der Arktis lebt ein Eisbär, in einem Eisberg hat er seine Höhle.
Höhle in den Berg malen
Direkt vor seiner Höhle ist das blaue Meer.
Wasser blau malen
Heute strahlt die Sonne vom Himmel.
Sonne mit Strahlen malen
Eine Wolke färbt sich grau, ob es wohl schneien wird?
Wolke grau malen
Der Eisbär freut sich heute sehr, denn jemand hat ihm einen Fisch vor die Höhle gelegt!
Fisch malen

Eisbär

Die Vorlage des Eisbären auf den weißen Tonkarton übertragen und ausschneiden.

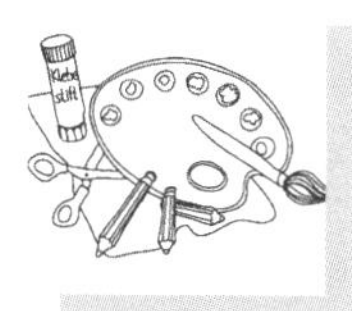

Tipp: Lassen Sie die Kinder die Umrisse ausschneiden und den Innenteil ausprickeln.

Der Eisbär wird mit weißem Transparentpapier hinterklebt. Zum Schluss noch die Teile für den Schal ausschneiden und aufkleben. Auf einen kleinen weißen Kreis mit einem schwarzen Stift ein Auge malen und aufkleben.

Alter: ab 4 Jahren
Material: Vorlage Eisbär (s. Anhang, S. 92), weißer Fotokarton, Tonpapier- oder Stoffrest für den Schal, Transparentpapier in Weiß, schwarzer Stift, Schere (evtl. Prickelnadel) und Kleber

Warum friert ein Eisbär nicht?

Alter: ab 4 Jahren
Material: Laken, Bettdecke oder dickes Kissen, 2 Gläser, Wasser, (Kunst-)Fell, Plastikfolie, Trinkhalm, Pappe (30 x 30 cm), Taschenlampe, weißes und schwarzes Papier, Schreibtischlampe, 2 Thermometer

Die meisten Eisbären leben am Nordpol und dort herrschen Temperaturen von bis zu -50 °C. Die Natur hat dem Eisbären hierfür einige wichtige Dinge in die Wiege gelegt, dass er bei diesen Temperaturen überleben kann.

1. Im Wasser schützt ihn eine 10 cm dicke Fettschicht vor Erfrierungen.
2. An Land wärmt ihn ein wasserdichter, dicker Pelz.
3. Das Fell des Eisbären produziert selbst Wärme: Die Haare sind nämlich nicht weiß, sondern durchsichtig und hohl.
4. Die hohlen Haare leiten das Licht auf die dunkle Haut, die es in Wärme umwandelt.

Bei dieser Beschäftigung werden diese vier „Tricks" ausprobiert.

Anleitung:

1. Zeigen Sie den Kindern ein dünnes Laken und eine dicke Decke (Kissen). Was wärmt wohl mehr im kalten Winter? – Natürlich das dicke Kissen!

Und so könnt ihr euch die Fettschicht beim Eisbären vorstellen:

2. Füllen Sie zwei Gläser mit eiskaltem Wasser und umwickeln Sie das eine mit Plastikfolie und das andere mit einem Stück Fell.
   Welches Glas ist angenehmer zu halten? – Das mit Fell!
   Das Fell schützt die Haut des Eisbären.

3. Stecken Sie in ein Stück Pappe einen Trinkhalm und verdunkeln Sie das Zimmer. Leuchten Sie nun die Pappe mit einer Taschenlampe an. – Es kommt Licht durch den Trinkhalm. So fällt das Licht der Sonne durch die Haare des Eisbären und wärmt ihn.

4. Wickeln Sie um ein Glas Wasser das schwarze und um ein anderes das weiße Papier. Stellen Sie in beide Gläser ein Thermometer und beleuchten beide mit einer wärmenden Lampe aus ca. 20 cm Abstand. Sehr schnell erkennen die Kinder, dass das Wasser im schwarzen Glas wärmer wird. Die schwarze Haut des Eisbären wird also schneller warm.

Eisbär-Suche

Das Bewegungsspiel übt die Links/Rechts-Unterscheidung und wird im Stehen gespielt.

Alter: ab 4 Jahren
Material: Kajal

Die Kinder stellen sich in einen Kreis. Damit die Links-und-rechts-Unterscheidung besser gelingt, bekommt jedes Kind auf die linke Hand einen Punkt.

Heute wollen wir den Eisbären besuchen, und den suchen wir jetzt.
Seht her, hier ist eine Spur, der wir folgen können, sie geht mal links herum, mal rechts herum ...
Sich links herum drehen und rechts herum drehen
... mal hoch und mal runter ...
Sich bücken und strecken
Wohin führt die Spur?
Seht da, wir müssen den Eishügel hinauf!
Schwere Schritte machen
Oben angekommen, schauen wir nach links, wir schauen nach rechts ...
Den Kopf nach links/rechts bewegen
... und laufen zur anderen Seite wieder hinab.
Schnelle Schritte machen
Stopp! Ist der Eisbär vielleicht hier?
Wir schauen nach oben, wir schauen nach unten.
Nach oben/unten den Kopf bewegen
Wir schauen nach links, wir schauen nach rechts.
Nach links/rechts den Kopf bewegen
Nichts zu entdecken?
Dann müssen wir den steilen Eisberg hochklettern!
Kletterbewegungen machen
Oben angekommen, schauen wir nach links, wir schauen nach rechts.
Den Kopf nach links/rechts bewegen
Huui, hier ist es aber windig!
Hin und her wackeln
Da steigen wir besser wieder hinab.
Kletterbewegungen
Runter geht's mit schnellem Schritt.
Schnelle Schritte auf der Stelle machen
Vor einem riesigen Meer kommen wir zum Stehen.
Stehen bleiben
Wir schauen nach links, wir schauen nach rechts.
Nach links/rechts den Kopf bewegen
Nichts mehr zu sehen, die Spur ist weg, was machen wir denn jetzt?
Schulterzucken
Ich glaub', da gehen wir nach Hause und legen uns ins Bett!
Hinlegen

Eisbärtatzen

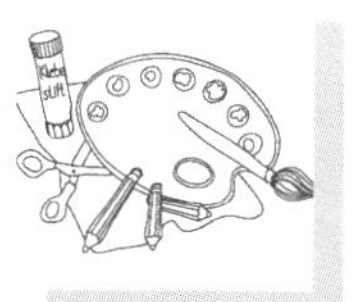

Kinder haben Freude daran, Spuren zu hinterlassen – egal ob im Sand oder im Schnee. Mit ihren Füßen ein Bild zu gestalten, das ist mal etwas anderes und neu für sie.

Alter: ab 4 Jahren
Material: Pinsel, Fingerfarbe, dicke Pappe, Schere, Gummistiefel, doppelseitiges Klebeband, Vorlage (s. Anhang S. 92), eine lange Bahn weißes Papier, z.B. Tapete oder ein Malpapier

Die Vorlage auf Pappe übertragen und ausschneiden. Die Einzelteile Zehen/Ferse auf ein Stück Karton kleben und mit doppelseitigem Klebeband an den Gummistiefeln befestigen. Die Kinder sollen nun die Tatzen mit Farbe bemalen, die Papierbahn ausrollen und die Stiefel aufs Papier stellen. In die Gummistiefel reinschlüpfen und über die Papierbahn laufen. Diesen Vorgang wiederholen sie mehrmals, bis viele Eisbärspuren gedruckt sind.

Eine einfache und tolle Aktion und es sieht aus, als sei ein Eisbär durch den Schnee gelaufen

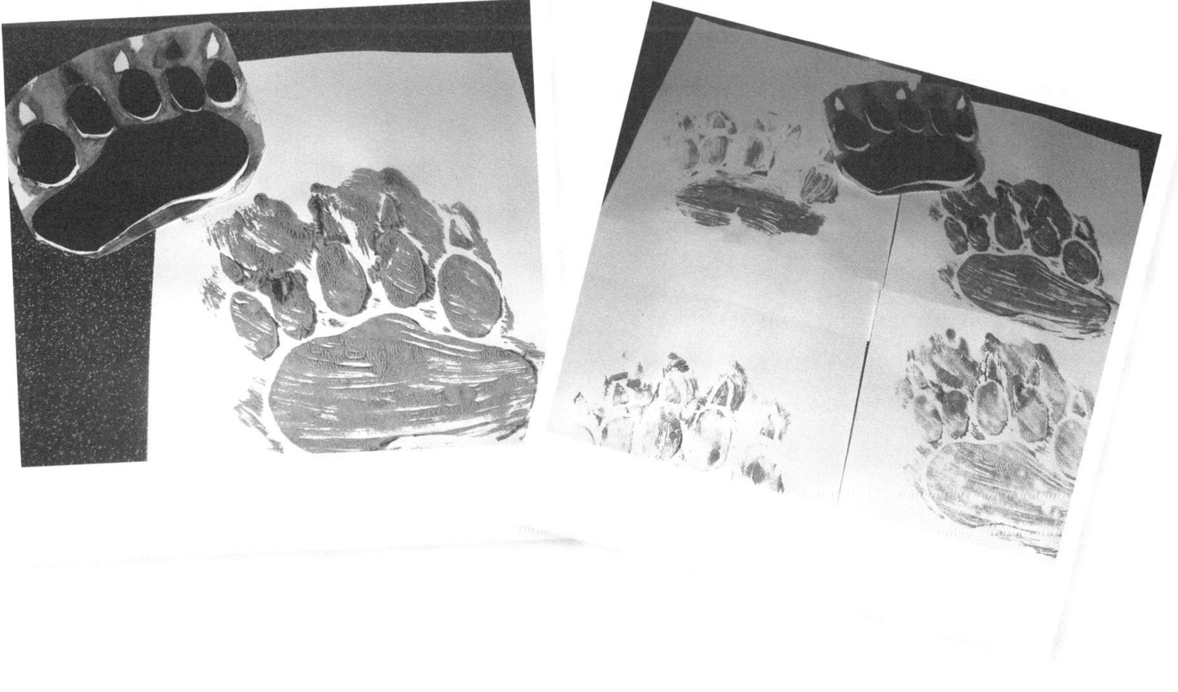

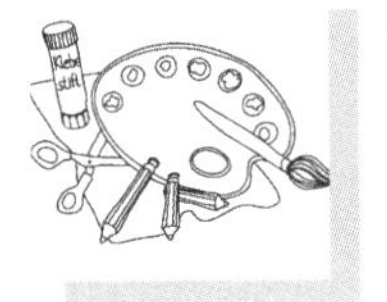

Eisbärmaske

Alter: ab 4 Jahren
Material: Eisbär-kopf-Vorlage (s. Anhang S. 90), weißer Tonkarton, schwarzer Stift, schwarzes Papier, weiße Wolle, Schere und Kleber, kleine weiße Pappschachtel (beklebt oder bemalt)

Die Eisbärkopf-Vorlage auf den weißen Tonkarton übertragen und ausschneiden. Die Augen ausschneiden und die weiße Schachtel als Nase aufkleben. An den Seiten ein Gummiband einfädeln und verknoten.

Die Kinder schneiden kurze Wollstücke ab und kleben sie als Fell auf das Gesicht. Dabei die Ohrenrückseiten nicht vergessen! Zum Schluss werden aus schwarzem Tonkarton ein Kreis als Nasenspitze, zwei Halbkreise für die Ohren sowie ein Mund ausgeschnitten und aufgeklebt.

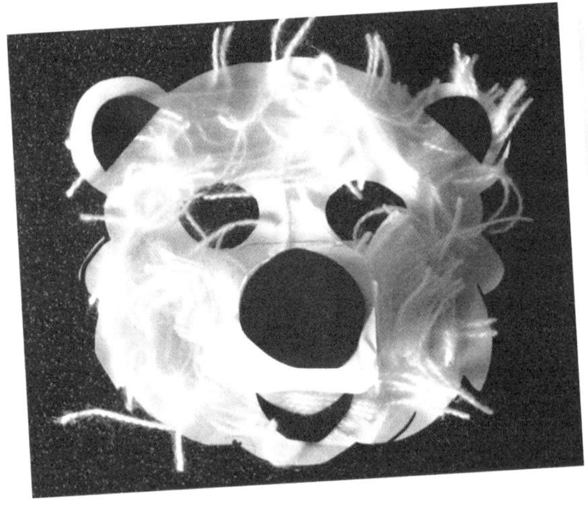

Steckbrief Robbe

Informationen: Es gibt 30 verschiedene Robben-Arten, z. B. Ohrrobben, Hundsrobben und Walrosse.

Aussehen: Robben sind Säugetiere und werden zwischen 1,20 m und 6 m groß. Das Gewicht schwankt zwischen den Arten und liegt zwischen 25 kg bei Weibchen der antarktischen Seebären und mehr als 4 t bei männlichen südlichen See-Elefanten. Allen Robben ist gemeinsam: Sie haben einen torpedoförmigen Körperbau mit kurzem Schwanz, dickem Hals und dem kaum abgesetzten Schädel sowie vier Flossen. Sie können trotz der kleinen oder gar nicht vorhandenen Ohrmuscheln sehr gut hören. Die mehrere Zentimeter dicke Fettschicht unter der Haut ermöglicht den Robben, kalte Temperaturen im Wasser und an Land auszuhalten und auch längere Phasen der Nahrungsknappheit problemlos zu überleben. Robben atmen über Lungen und müssen zum Luftholen in regelmäßigen Abständen an die Wasseroberfläche kommen. Unter Wasser können sie aber bis zu 2 Stunden bleiben.

Lebensraum: Robben sind hauptsächlich in polaren sowie subpolaren Gebieten auf der ganzen Welt beheimatet – einige Arten auch in gemäßigten Zonen. Sie sind an ein Leben mit rauen Wetterbedingungen und eisigem Wasser perfekt angepasst.

Nachwuchs: Die Paarung und die Aufzucht der Jungen geschehen an Land. Die Jungen werden zum Schutz vor der Kälte mit einem dichten und weichen Fell geboren, das sie mit zunehmendem Alter allmählich verlieren.

Nahrung: Robben ernähren sich von Fischen, Krustentieren, Schnecken, Tintenfischen, Krill, kleineren Robben und Pinguinen. Ihre Beutetiere spüren Robben unter Wasser über große Entfernungen auf.

Milan, der kleine Seehund

Alter: ab 4 Jahren

Ganz weit im Norden, in der Arktis, da lebt Milan, ein kleiner Seehund. Mit ihm zusammen leben noch viele andere Seehunde auf einer riesigen Eisscholle. Milan ist der Kleinste und Jüngste unter ihnen. Sein Papa Thore ist der Chef der Robbengemeinschaft. Seine Mama heißt Anni und Milan ist ihr erstes Kind. Die beiden tun alles, um ihren Milan zu beschützen. Seine Mama Anni bringt ihn täglich in den Seehund-Kindergarten und holt ihn dort auch wieder ab. Aus Angst, dass ihm etwas passieren könnte, erlaubt sein Papa Thore ihm nämlich nicht, mit den anderen Robben im Wasser zu spielen oder mit ihnen die Eisscholle zu erkunden. Er darf gar nichts alleine machen, immer passen die Eltern auf ihn auf. Wenn die anderen Robbenkinder Fangen oder Verstecken spielen, darf Milan nur zusehen – es ist zum Verzweifeln. Die anderen Seehundkinder ärgern ihn schon und nennen ihn „Baby" oder „Angsthase". Doch das ist er gar nicht, er kann ja nichts dafür, dass er nicht mitspielen darf. Milan ist richtig traurig über diese Hänseleien. Dann nimmt seine Mama ihn in den Arm und sagt: „Hab Geduld, mein Kleiner, wenn du etwas größer und stärker bist, dann darfst auch du mit den anderen spielen."

Eines Tages macht der Kindergarten eine Stunde früher Schluss als sonst und Milans Mama ist noch nicht da, um ihn abzuholen. Da hat Milan eine Idee: Er will allen zeigen, dass er genauso stark und mutig sein kann wie sie. Sie sollen nie mehr „Baby" oder gar „Angsthase" zu ihm sagen.

Vor einigen Jahren, als Milan noch gar nicht auf der Welt war, war ganz in der Nähe ein Schiff der Menschen im Meer versunken und am Meeresgrund auseinandergebrochen. Sein Papa Thore hat als Chef der Seehunde allen Seehundkindern strengstens verboten, dort zu spielen. Sie könnten sich in dem Wrack verirren oder sich an scharfen Kanten verletzen. Milan hat einen Plan: „Ich werde zum Schiff schwimmen und für die anderen etwas von dort holen und ihnen mitbringen – damit sie sehen, dass ich auch wirklich dort gewesen bin. Dann werden sie staunen und mich bewundern. Sie werden mich endlich mögen und wissen, dass ich kein Angsthase bin!"

Also springt Milan ins Meer. Das Wasser ist heute ganz ruhig, es gibt kaum Wellen und Milan kommt gut voran. Nach einer Weile erblickt er das riesige Wrack und stößt vor lauter Freude einen Jubelschrei aus. Er hat es geschafft. Immer wieder schwimmt er um das Schiff herum und taucht bis auf den Grund hinab, um nach einem Beweis für seinen Wagemut zu suchen. Schließlich findet er ein Stück vom Steuerrad, das er mitnimmt. Zufrieden und stolz möchte Milan zurück nach Hause.

Aber inzwischen ist das Wetter nicht mehr so schön. Ein Sturm ist aufgezogen und vor dem kleinen Seehund bauen sich plötzlich meterhohe Wellen auf. Milan wird wie ein Spielzeug von einer Welle zur nächsten geworfen und endlich mit einer Welle an Land gespült. Als Milan wieder zu sich kommt, sieht er sich unsicher um. Das Land kommt ihm fremd vor. Hier ist er noch nie gewesen. Milan ist so müde und es vergehen ein paar Stunden, in denen er nur erschöpft daliegt. Auf einmal wird es laut um ihn herum, denn aus dem Wasser kommt mit viel Getöse eine Herde Walrosse auf ihn zu. Ein Walross ruft: „He, schaut mal, hier liegt ein Seehundbaby." Alle umringen Milan und betrachten ihn. „Was ist denn dir passiert, du bist ganz schön weit weg von deiner Familie." Da schluchzt Milan und erzählt den Walrossen seine Geschichte. „Könnt ihr mich wieder zu meiner Mama und meinem Papa bringen?", fragt er zum Schluss. „Heute geht das nicht, es sind zu hohe Wellen und du musst dich noch etwas ausruhen." So bekommt Milan erst mal einen leckeren Fisch zu essen und erholt sich dank der Hilfe der anderen rasch. Doch als es dunkel wird, da vermisst er seine Mama und seinen Papa.

„Sie werden mich bestimmt suchen“, denkt er. „Das hab ich nun davon, dass ich so ungehorsam war.“ Traurig schaut er aufs Meer.

Und wirklich, als seine Mama Anni ihn vom Kindergarten abholen wollte, war keiner mehr da. Ein heftiger Sturm war aufgezogen und sie musste warten und warten. Sofort als der Sturm abflachte, machte sie sich auf die Suche nach ihrem Sohn. Aber sie konnte ihn nirgends finden. An allen bekannten Stellen war sie nun schon gewesen. Sogar auf den hohen Eisberg robbte sie sich, um nach unten zu schauen. Doch von Milan fehlte jede Spur. Auch Papa Thore machte sich Sorgen, er war vor der Eisscholle im Meer getaucht und hatte ihn auch nicht gefunden. „Vielleicht war ich doch zu streng zu dem Jungen?“, denkt er. So setzen sich die beiden ans Meer und sind sehr traurig. Sie hoffen und bangen, dass ihrem Sohn nichts passiert ist.

Am nächsten Tag hat sich das Meer wieder beruhigt, sogar die Sonne scheint vom Himmel herab. Da nehmen die Walrosse ihren kleinen Schützling in die Mitte und schwimmen mit ihm los. Sie sind noch nicht lange geschwommen, als Milan von Weitem seinen Namen hört. Er erkennt sogleich die Stimme seines Vaters. Milan ruft zurück, so laut er kann, und schon sieht er, dass seine Mama und sein Papa ihm entgegenkommen. Freudig umarmen sie sich mit ihren Flossen, und Milan verspricht seiner Mutter sofort, nie wieder alleine fortzuschwimmen, ohne ihr etwas zu sagen. Seine Mama wischt sich kleine Freudentränen aus den Augen. Sie ist überglücklich, dass sie ihren Sohn gesund und munter wiederhat. „Ich glaube, mein Schatz, du bist durch dein Abenteuer etwas klüger geworden. Ab morgen gehst du allein in den Kindergarten, und am Nachmittag spielst du zusammen mit den anderen“, schlägt sie lächelnd vor. Sein Papa drückt ihn fest an sich, schaut ihn streng an und erklärt: „Meine Regeln haben ihre Gründe und sollen euch schützen. Sie sind dazu gemacht, dass auch du sie befolgst.“ Aber das hat Milan längst verstanden, denn er hat aus seinem Abenteuer viel gelernt.

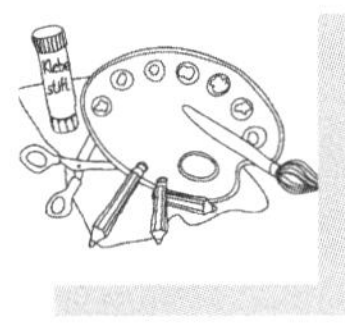

Robbe

Die Kinder übertragen die Vorlage auf den Tonkarton und schneiden alle Teile aus. Sie kleben die Flossen passend an und malen Augen, Mund und Nase.

Alter: ab 4 Jahren
Material: grauer Tonkarton, Schere, Kleber, schwarzer Stift, Vorlage Robbe (s. Anhang, S. 91)

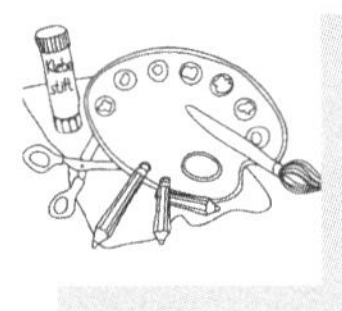

Robbe falten

Alter: ab 4 Jahren
Material: Faltpapier, Schere, schwarzer Stift

1. Zuerst einen Drachen falten

2. Nochmals einen Drachen falten

3. Diesen Faltschritt wieder öffnen und wie abgebildet einschneiden

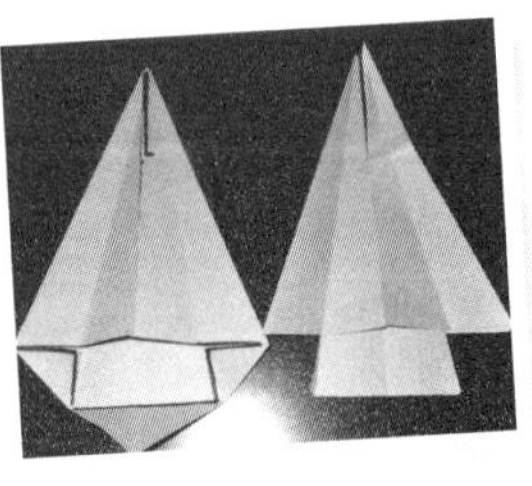

4. Die Flossen nach außen klappen

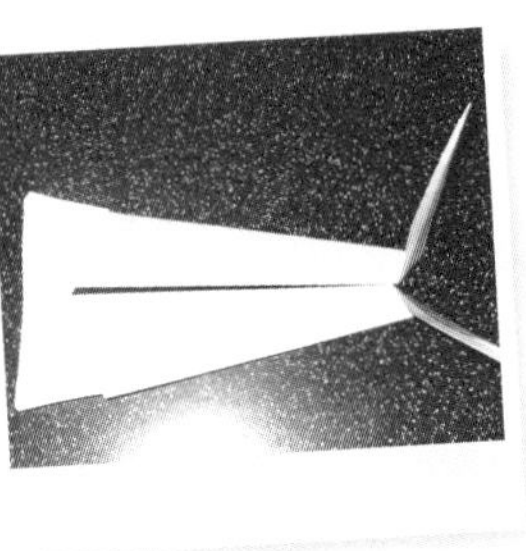

5. Die Arbeit umdrehen und den Kopf nach oben klappen

6. Den Kopf rund schneiden und mit einem Gesicht versehen

Flosse hat sich verirrt

Alter: ab 3 Jahren
Material: Stofftier Robbe, Langbank, Stühle (kleine und große), Sprossenwand , Matten, Kriechtunnel, Teppichfliesen, Trampolin, Kasten, Rutschbahn, Tisch, große Decke

Vorbereitung: Bereiten Sie vor der Durchführung einen Parcours aus den verschiedenen Turngeräten vor. Hierbei spielt die Reihenfolge keine Rolle. Lesen Sie die Geschichte durch, damit Sie in etwa die Reihenfolge der Geräte sowie die Übungen kennen.

Die Kinder kommen in den Bewegungsraum und nehmen Platz. Mit dem Stofftier, der Robbe „Flosse", werden sie auf die Geschichte eingestimmt.

Hallooo ihr da, hier bin ich! Ich bin Flosse, die kleine Robbe, und habe mich verirrt. Ich war sehr übermütig und bin aus Versehen zu weit von meiner Familie weggeschwommen. Ich bin geschwommen und geschwommen, und jetzt bin ich hier bei euch gelandet, bin ganz allein und möchte so gerne zu meiner Familie zurück. Wir wohnen am Nordpol, und da will ich wieder hin, aber alleine trau ich mich nicht. Kommt ihr mich begleiten? Wollt ihr wirklich alle mit mir kommen? Dann steht mal auf und los gehts.
Schüttelt mal eure Arme und Beine aus, wir haben viel vor, denn es ist ein weiter Weg zum Nordpol.
Aufstehen und Arme und Beine schütteln
Zuerst schwimmen wir mal den Bach entlang.
Durch den Raum laufen und dazu Schwimmbewegungen machen
Merkt ihr es auch, das Wasser wird schneller und schneller.
Rennen und weiter Schwimmbewegungen machen
Oh, geht's da vorne gar nicht weiter? Ups, was ist das – ein Wasserfall!
Sprossenwand hochklettern und runterspringen
Geht's euch allen gut? Super! Dann schnell weiter ...
Durch den Raum laufen
Seht ihr, der Bach wird breiter, er wird ein Fluss.
Arme ausbreiten
Hier am Ufer wachsen aber viele Wasserpflanzen, da schwimmen wir ja rauf und runter, rechts und links ...
Über die Stühle steigen und um die Stühle gehen
Ja, was ist denn das für ein Rohr? Hier war ich schon, kommt, da müssen wir durch ...
Durch den Kriechtunnel kriechen
Wo sind wir denn jetzt? Da hängen ja Netze im Wasser, denen müssen wir ausweichen. Also bleibt alle auf diesem Weg und passt gut auf.
Über die Teppichfliesen gehen
Jetzt lasst uns wieder schneller weiterschwimmen.
Durch den Raum rennen
Spürt ihr das auch, das Wasser wird anders, ich glaube, es wird salzig.
Stehen bleiben
Weit kann das Meer nicht mehr sein, kommt, wir schwimmen unter dieser Brücke durch.
Unter der Langbank durchkriechen
Merkt ihr auch, dass der Fluss immer breiter wird? Halt, wer hat denn da eine Mauer ins Wasser gebaut, da müssen wir rüber ...
Über die Langbank laufen
Ich sehe gar kein Ufer mehr, so viel Wasser habe ich schon lange nicht mehr gesehen, da mach ich doch gleich einen super Freudensprung!
Ins Trampolin springen und wieder auf einer Matte landen
Kommt, wir müssen noch diesen Berg hoch, und da geht's wieder runter.
Kasten hochsteigen und an der eingehängten Rutschbahn wieder runterrutschen

Da, seht ihr die Höhle? Die kenne ich! Kommt, da schwimmen wir durch …

Unter dem Tisch mit Decke durchkrabbeln

Lasst uns ein letztes Mal um die Wette schwimmen!

Kinder rennen durch den Raum

Merkt ihr auch, dass das Wasser immer kälter wird? Seht nur, da sind schon die Eisschollen! Wer sitzt zuerst auf einer Eisscholle?

Auf eine Matte setzen

Das war eine lange und anstrengende Reise, aber wir sind da. Danke, dass ihr mich begleitet habt. Bleibt doch noch ein bisschen und erkundet das Meer. Ich bleibe hier sitzen und schaue euch zu.

Die Kinder werden eingeladen, sich frei in dem Parcours zu bewegen. Dabei können sie verschiedene Übungen wiederholen, aber auch Neues ausprobieren.

Nach einer gewissen Zeit ruft Flosse die Kinder wieder zusammen, verabschiedet sich und beendet so die Bewegungsstunde.

Tipp: In einer Bewegungsbaustelle kann man alles aufbauen, was im Kindergarten vorhanden ist. Die Geschichte lässt sich umbauen und erweitern. Sie lässt sich auch noch weiter ausschmücken, z.B.: „Zuerst schwimmen wir den Bach entlang, seht ihr die vielen Steine, da müssen wir hüpfen“, oder „Riecht ihr schon das Meer?“ Für ältere Kinder kann der Parcours insoweit verändert werden, dass die Bank auf Stühlen liegt oder die Rutschbahn hoch an der Sprossenwand eingehängt wird. Durch das Stofftier lassen sich die Kinder sehr gut motivieren, wenn sie durch die Robbe persönlich angesprochen werden.

Steckbrief Wal

Informationen: Wale sind keine Fische, da ihre Vorfahren an Land lebten. Von Walen gibt es zwei Gruppen: 1. Die Bartenwale, sie filtern mithilfe der Barten Plankton aus dem Wasser, wie z. B. der Buckelwal. 2. Die Zahnwale, sie verfügen über Zähne und fressen andere Fische, z. B. Orcas.

Aussehen: Wale sind Säugetiere und es gibt 86 Arten. Sie haben einen torpedoförmigen, strömungsgünstigen Körper, der mit einer waagerechten, halbmondförmigen Schwanzflosse endet. Die Vordergliedmaßen sind flossenähnlich umgestaltet. Auf der Rückenseite findet sich oft eine Rückenflosse. Als Wärmeschutz und zur Verbesserung des Auftriebs dient ein bis zu 50 cm starkes Unterhautfettgewebe (Blubber). Wale haben Lungen und atmen Luftsauerstoff. Einige können mehr als 2 Stunden untergetaucht bleiben, z. B. der Pottwal. Im Blutkreislauf der großen Wale befinden sich etwa 7000 l Blut. Das entspricht der Blutmenge von 1400 Menschen. Der Blauwal mit 33 m und 200 t, ist das schwerste Tier, das jemals auf der Erde gelebt hat.

Lebensraum: Wale sind in allen Meeren der Welt anzutreffen. Aber nur wenige Arten leben im Süßwasser.

Nachkommen: Die Tragzeit der Wale dauert zwischen neun und 16 Monate. Sie bringen in der Regel immer nur ein Junges zur Welt. Nach der Geburt wird das Jungtier schnell zum ersten Atemzug zur Oberfläche gebracht. Die Kleinen sind sehr schnell eigenständig und werden von der Mutter 4 – 12 Monate gesäugt.

Nahrung: Sie können problemlos salziges Meerwasser trinken. Über ihre Nieren scheiden sie das Salz wieder aus. Wale ernähren sich von Fisch, Krebstieren, Plankton, Tintenfischen.

Bekannte Wal-Arten: In der Gruppe der Bartenwale: Buckelwal, Blauwal
In der Gruppe der Zahnwale: Narwal, Pottwal, Orca und die Delfine

Mein Freund, der Wal

Alter: ab 4 Jahren

Weit oben, ganz weit oben in der Arktis lebte schon viele Jahre Oskar, ein Orca oder auch Schwertwal. Hier hatte Oskar sich ein schönes Plätzchen zum Leben gesucht. Da er sich sehr weit bis in die Arktis vorgewagt hatte, war er hier der einzige Wal und bekam nur sehr selten Besuch von den anderen Walen. Das fand Oskar sehr schade, denn nichts hätte er sich mehr gewünscht als jemanden zum Reden, denn seine Leidenschaft war das Geschichtenerzählen. Doch er wollte hier nicht mehr weg, es war gemütlich und er hatte immer genug zu Essen.

Eines Tages schwamm ein Walross an ihm vorbei. Oskar rief ihm zu: „Hej, Walross, bitte halte doch an und bleib etwas hier!" So stoppte das Walross, wartete ab und sagte nichts. Ihr müsst wissen, es war ein sehr schweigsames Walross. Aber das machte Oskar nichts aus, er freute sich über den Besuch und erzählte dem Walross eine seiner Geschichten. Als die Geschichte geendet hatte, sagte das Walross immer noch nichts, drehte sich um und schwamm davon. Oskar wunderte sich zwar etwas, war aber dennoch guter Dinge, hatte er doch einen so schönen Tag wie lange nicht mehr gehabt, denn er hatte endlich mal wieder eine Geschichte erzählen dürfen.

Dem schweigsamen Walross schien es auch gefallen haben, denn es besuchte Oskar nun jeden Tag. Dem war das Walross als Gast sehr willkommen, denn es hörte ihm immer geduldig zu. So verging einige Zeit, bis Oskar doch einmal nachfragte, warum es denn jeden Tag käme. Es dauerte eine Weile bis das Walross reagierte, und noch länger, bis es seine Frage beantwortete.

Das Walross wiegte also langsam seinen faltenreichen Kopf und überlegte lange, was es darauf antworten wollte. „Ich besuche dich gern, weil du der Einzige bist, der nichts von mir wissen will und bei dem ich nicht reden muss", sagte es schließlich ganz langsam. „Weißt du, ich kann nicht schnell reden und die anderen ärgert es immer, dass sie so lange warten müssen, bis ich ihnen antworte. Deshalb haben die meisten aufgehört, mit mir zu sprechen, und stell dir vor, manche sind sogar eingeschlafen, während ich ihnen gerade etwas erzählt habe!", kam es sehr, sehr gemächlich vom Walross.

Oskar riss rasch seine halb zugefallenen Augen auf. Das mit dem Einschlafen war so eine Sache, aber das Walross brauchte so lange, bis es mit einem Satz fertig war, dass es nicht sehr verwunderlich war, dass seine Zuhörer in der Zwischenzeit einschliefen.

„Dabei nehme ich es niemandem übel, wenn er in meiner Gegenwart einschläft. Schlafen ist schließlich gesund und wichtig", fuhr es fort. „Hättest du vielleicht eine Idee, wie ich mein Reden verbessern könnte?" Diesmal brauchte Oskar etwas länger für seine Antwort. „Du müsstest einfach spannende Geschichten erzählen, erfinde doch Abenteuer. Ich bin sicher, dass dann viele dir gerne zuhören würden, wenn du sie erzählst. Und wenn du das Erzählen immer wieder fleißig übst, wirst du auch mit der Zeit bestimmt schneller beim Reden." Überrascht von dem, was Oskar ihm vorschlug – denn normalerweise bekam es auf seine Fragen gar keine Antwort –, sprudelte es aus dem Walross heraus: „Hm, da könntest du schon recht haben. Und Abenteuer, die sich zu erzählen lohnen, muss ich gar nicht erfinden, die habe ich wirklich schon erlebt. Allein die Sache mit dem Tintenfisch, der sich für einen Hai hielt. Oder der Fischer, dessen Boot leckgeschlagen war. Ich hielt ihn auf meinem Rücken über Wasser und brachte ihn mit letzter Kraft sicher an Land zurück." – „Siehst du, so etwas musst du erzählen und – hast du gemerkt – du warst schon viel schneller und ich bin nicht eingeschlafen. Und was du da erzählst, du bist ja ein richtiger Held", stellte Oskar begeistert fest. Das Walross fühlte sich geschmeichelt und erwiderte dankbar: „Es ist nett von dir, das zu sagen."

„Nun, es ist die Wahrheit. Aber zurück zu deinem Problem. Erzähl mir doch jetzt gleich die Geschichte mit dem Fischer, was ist da passiert?" Das Walross fing an zu erzählen und wurde immer schneller. Je aufregender die Geschichte wurde, desto eifriger redete das Walross. Als es geendet hatte, war Oskar total begeistert. So kam es, dass nun nicht mehr Oskar die Geschichten erzählte, sondern Tag für Tag das Walross. Nach einigen Wochen hatte das Walross es geschafft, es konnte so fließend und spannend erzählen, wie andere es sich nur wünschen konnten. Da hatte Oskar eine glänzende Idee: „Wir laden alle deine Verwandten, Bekannten und Freunde ein, um sie zu überraschen!" Dies gefiel auch dem Walross, und so schwammen sie herum und luden jeden ein, den sie trafen. Und sie kamen alle! So wurde es ein schöner Tag und alle waren begeistert. Die Nachricht, dass in einer Ecke in der Arktis ein Walross die schönsten Geschichten erzählen konnte, verbreitete sich rasch. Bald kamen Delfine, Robben und sogar ein Pärchen Buckelwale, um ihm zuzuhören.

Mit seiner Idee, die Geschichten auch anderen zu erzählen, hatte Oskar recht, denn sobald das Walross zu erzählen anfing, hörten sie alle gebannt zu.

Immer wenn es gefragt wurde, wer es auf die Idee gebracht hatte, Geschichten zu erzählen, antwortete das Walross: „Mein Freund, der Wal."

Orca

Alter: ab 4 Jahren
Material: weißer und schwarzer Tonkarton, Schere, Kleber, schwarzer Stift, Kopiervorlage (s. Anhang S. 91)

Die Vorlage 1 auf den schwarzen Tonkarton, die Vorlagen 2 und 3 auf den weißen Karton übertragen. Die Kinder schneiden alle Teile aus, kleben diese anhand des Bildes zusammen und malen die Augen auf.

Der schwimmende Wal

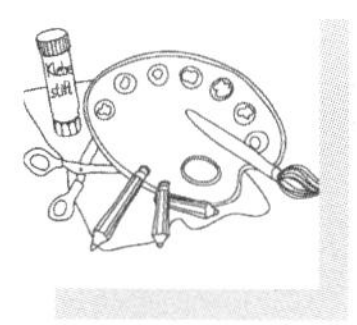

Der dunkelblaue Karton ist der Hintergrund, das Wasser. An den Schmalseiten rechts und links jeweils ca. 4 cm vom Rand entfernt zwei Löcher eindrücken.

Die beiden Enden der 30 cm langen Schnur jeweils von vorne nach hinten durch ein Loch ziehen und an jedes Ende der Schnur eine Perle binden.

Vorne aus den Tonpapierresten Wasserpflanzen ausschneiden und als Wasserlandschaft auf den Karton kleben.

Die Vorlage des Wals auf den hellblauen Tonkarton übertragen und ausschneiden.

Die Schnur an einer Seite so lange ziehen, bis die Perle auf der anderen Seite gerade noch unter dem Karton zu sehen ist.

Auf dieser kurzen Seite den Wal an die Schnur kleben, entweder mit Klebefilm oder mit Kleber.

Wenn der Kleber trocken ist, ziehen die Kinder immer an der kurzen Perle, und schon schwimmt der Wal von einer zur anderen Seite hin und her!

Damit die Kinder besser daran ziehen können, wird das Bild am besten an der Wand befestigt.

Alter: ab 4 Jahren
Material: fester Tonkarton (dunkelblau, A3), hellblauer Tonkarton für den Wal, Schnur (30 cm), 2 Holzperlen, schwarzer Stift, Kleber, Schere, Tonpapierreste

Leben in der Kälte

Obwohl es in der Arktis unglaublich kalt ist, leben dort Menschen, die Eskimos. Das Wort „Eskimo“ ist die Sammelbezeichnung für die Volksgruppen im nördlichen Polargebiet. Ihre Siedlungen sind über die arktischen Regionen Nordsibirien, Alaska und Kanada bis nach Grönland verteilt. Die beiden Hauptgruppen sind die Inuit im Norden Kanadas und auf Grönland sowie die Yupik auf der russischen Tschuktschen-Halbinsel und in Alaska.

Alle in der Arktis lebenden Menschen als Eskimos zu bezeichnen ist nicht ganz korrekt. Der Name wird von einigen Volksstämmen abgelehnt, da er in ihrer Sprache „Rohfleischfresser“ bedeutet und eine Beleidigung darstellt, während er bei anderen Volksstämmen, auch „Schneeschuhflechter" oder „Mensch, der eine andere Sprache spricht" bedeutet und hier nicht als Beleidigung gilt. Deshalb ist es wichtig, mit dem Namen „Eskimo“ sensibel umzugehen. Die meisten Eskimos bezeichnen sich selbst als „Mensch", in der Sprache des jeweiligen Stamms heißen sie dann „Inuit", „Yupik", „Kalaallit" oder „Inupiat".

Die Bezeichnung „Inuit“, die sich als Überbegriff für einige Volksstämme durchgesetzt hat, wird hier weiter verwendet. Doch sie zu verallgemeinern wäre nicht richtig, da sich nicht alle Eskimos damit identifizieren.

So bewohnen die Volkstämme der Inuit schon seit 5000 Jahren Teile der Arktis. Um dort in Eis und Schnee überleben zu können, haben sie sich den schwierigen Bedingungen angepasst. Die Inuit entwickelten ganz besondere Häuser aus Eis: die Iglus. In diesen „Eishäusern“ wohnten sie vor allem, wenn sie monatelang auf der Robbenjagd unterwegs waren. Um ein Iglu zu bauen, werden Eisblöcke wie Backsteine übereinandergeschichtet. Die Ritzen werden anschließend mit Schnee abgedichtet. Anstelle einer Tür wird ein kleiner Eistunnel gebaut, der mit einem Eisblock verschlossen werden kann. In so einem Iglu lässt es sich auch bei der größten Kälte gut aushalten. Es waren die Frauen, die die Kleidung herstellten. Das Nähwerkzeug wurde aus Zähnen gefertigt. Därme und Sehnen wurden als Garn zum Nähen verbraucht. Die Tierfelle wurden von der Speck- und der Fettschicht getrennt. Dann wurden sie in einen Rahmen gespannt und getrocknet. Die Felle der Tiere hatten auch verschiedene Eigenschaften: Das wasserdichte Fell der Robbe z. B. wurde für die Stiefel, Handschuhe und Jacken verwendet. Das Eisbärfell aber wurde zur Herstellung von Männerhosen und Winterstiefeln eingesetzt. Aus Hasenfellen wurden die Innenstiefel, und die Fuchs-, Karibu- und Seehundfelle wurden zu Mänteln verarbeitet.

Die Inuit trugen gegen die Kälte mehrere Kleiderschichten übereinander, denn die Zwischenräume hatten eine isolierende Wirkung. Die Luft wurde wie bei den Tieren zwischen den Fellhaaren und zusätzlich zwischen den verschiedenen Kleidungsschichten gespeichert, sodass der Körper gewärmt wurde. Wenn die Inuit schwitzten, konnte die Luft in den Zwischenräumen zirkulieren, sodass die Feuchtigkeit entweichen und nichts gefrieren konnte.

Um auf die Jagd zu gehen und sich dabei auf dem Packeis gut fortbewegen zu können, haben die Inuit niedrige, lange Schlitten erfunden, die von Huskys gezogen werden.

Huskys sind Hunde, die von den Polarwölfen abstammen. Sie lieben den Schnee und vertragen die eisige Kälte prima. Jahrtausendelang waren die Hundeschlitten das einzige Fortbewegungsmittel der Inuit. Doch inzwischen wurden die Hundeschlitten zum größten Teil durch Motorboote und Schneemobile ersetzt. Die traditionellen Iglus werden nur noch selten gebaut und immer weniger der rund 22.000 Inuit in der Arktis leben nach den alten Traditionen ihrer Vorfahren.

Nanuk und Nala werden Freunde

Alter: ab 3 Jahren

In der Arktis, gar nicht weit vom Nordpol entfernt, gibt es ein Dorf. Es ist ein sehr kleines Dorf, inmitten von viel Schnee und Eis. Sogar die Hütten, die Iglus heißen, sind aus Schnee und Eis gebaut.

Anstatt Autos gibt es Schlitten, die von Huskys gezogen werden. Huskys sind ganz besondere Hunde, denen die Kälte nichts ausmacht.

Die Männer des Dorfes gehen zur Jagd, bauen die neuen Iglus und versorgen die Hunde. Die Frauen kümmern sich um den Haushalt und bereiten das Essen zu. Selbst die Kinder lernen schon, wie die Iglus gebaut werden und wie sie mit den Hunden umgehen müssen, damit sie einen Hundeschlitten sicher lenken können.

Hier lebte der kleine Junge Nanuk mit seinen Eltern und seinen Freunden.

Nanuk ist sehr neugierig, immer zu Streichen aufgelegt. Mit ihm wurde es nie langweilig, denn ihm fiel immer etwas Neues ein. Es verging kein Tag, an dem Nanuk mal nichts anstellte. Mal versteckte er die Leinen, sodass sein Vater die Hunde nicht anschnallen konnte, mal versteckte er sich selbst und sprang plötzlich hervor, wenn jemand vorbeikam. Meistens erschreckten die Leute sich sehr und schimpften hinter Nanuk her.

Eines Tages nun kamen neue Bewohner in das Dorf und unter ihnen war ein kleines Mädchen, das hieß Nala. Nala war ein sehr liebes Mädchen und im Umgang mit Hunden konnte sie allen etwas vormachen. Die Kleine besaß sogar einen eigenen Husky. Dieser begleitete sie überallhin und gehorchte ihr aufs Wort, worauf sie ganz besonders stolz war. „Für was brauchst du denn einen eigenen Husky?“, fragte Nanuk etwas neidisch. Er hatte noch keinen eigenen Hund. Seine Eltern meinten, er sei noch nicht alt genug. Sie sagten: „Solange du so viele Streiche machst und nur Unfug anstellst, so lange brauchst du keinen Hund, auf den du bestimmt nicht richtig aufpassen würdest.“

„Er ist mein bester Freund und ich kann mich immer auf ihn verlassen“, antwortete das Mädchen. „Wie kann man nur einen Husky zum Freund haben? Was kann denn dein Hund? Der kann nicht mit dir reden oder dir bei den Hausaufgaben helfen wie ein richtiger Freund. Ich wette, der kann nicht mal einen Schlitten ziehen“, spottete Nanuk, „und außerdem bist du ein Mädchen und die können keine Hundeschlitten fahren.“

Seine Freunde, die um sie herumstanden, hatten eine Idee. „Wie wärs denn mit einem Wettrennen?“, schlugen sie vor. „Du holst dir einen Hund und spannst ihn an einen Schlitten.“

„Na gut“, sagte Nanuk, „wir fahren mit unseren Hundeschlitten bis zur Eisschmelze und wieder zurück. Was sagst du dazu, Nala?“ Die „Eisschmelze“ nannten die Dorfbewohner einen Platz, wo immer wieder Teile der Eisfläche abbrachen und als Eisschollen auf das Meer hinaustrieben.

„Bis zur 'Eisschmelze'?“, fragte sie. „Na, kneifst du jetzt schon?“, entgegnete Nanuk. „Selbstverständlich nicht, aber um diese Jahreszeit ist so etwas sehr gefährlich. Das Eis könnte brechen und dich ins offene Meer hinaustragen“, antwortete sie.

„So ein Quatsch“, meinte Nanuk. Alle anderen Kinder spotteten nur und machten sich über Nala lustig. „Dann fahren wir eben ohne dich“, war die Antwort und alle machten sich gleich auf den Weg, ihre Schlitten zu holen. Nanuk war auch etwas mulmig, er wusste auch, dass ein Stück Eis abbrechen konnte, aber er, der Mutigste von allen Kindern hier, wollte nicht kneifen. So fuhren dann alle Kinder mit ihren Hundeschlitten los, nur Nala blieb zurück im Dorf.

Es dauerte nicht lange, da fuhren die Kinder, wie vom Blitz getroffen, wieder ins Dorf zurück, nur einer war nicht dabei. „Wo ist Nanuk?“, rief Nala den Kindern zu.

„Der kommt später", riefen sie und fuhren weiter. Hier musste etwas passiert sein, dachte Nala und machte sich sofort mit ihrem Schlitten und ihrem Husky auf den Weg zur „Eisschmelze".

Sie sah schon von Weitem, dass ein großes Stück Eis abgebrochen war und Nanuk hilferufend auf einer Eisscholle saß. Es hatte sich schon ein großer Spalt gebildet, über den Nanuk nicht mehr springen konnte. Nala überlegte nicht lange, sprang von ihrem Schlitten und machte ihren Husky vom Schlitten los. Sie band ihm ein Seil um den Hals und befahl ihm, auf die abtreibende Eisscholle zu springen. Nanuk nahm das Seil, das Nala festhielt, und zog sich wieder ans Land heran, dass er mit den Hunden zurück auf das feste Eis springen konnte. So kam er wieder heil zum Ufer. Als sich Nanuk von seinem Schreck erholt hatte, bedankte er sich bei Nala.

„Jetzt weiß ich, was es heißt, einen echten Freund zu haben. Die anderen Kinder sind alle weggelaufen, da sie Angst hatten, zu Hause Ärger zu bekommen", meinte er, „dabei habe ich dich doch die ganze Zeit geärgert und du hilfst mir noch, vielen Dank, Nala." Von nun an waren Nanuk und Nala unzertrennlich und die besten Freunde, die das Dorf bis jetzt gesehen hatte.

Die Sprache der Inuit

Die Inuit sprechen Inuktitut, was übersetzt die „Sprache der Menschen" heißt.
Hier einige Wörter aus ihrer Sprache:
ublaahatsiatkut = Guten Tag
Nanuq = Polarbär
Nukka = kleine Schwester
Aput = Schnee
Hahinag = Sei gegrüßt
Kajak = Einmannboot
Kamutti = Schlitten
Kingmen = Hund
Nalalgak = Leithund
Sawik = Messer

Tipp: Mit den Kindern ein Plakat über die Inuit anlegen. Darauf malen oder kleben die Kinder Bilder auf.

Bewohner der Arktis aus Fellresten

Alter: ab 4 Jahren
Material: (Kunst-) Fellreste, Klopapierrolle, weißer Tonkarton, Kleber und Schere, Stifte

Die Papprolle rundum mit Fellstücken bekleben. Die Umrisse für die Füße auf weißen Karton malen und ausschneiden. Darauf eine „Fellrolle" befestigen und diese ebenfalls mit einem kleinen Stück Fell bekleben.

Als Arme zwei dünne Streifen aus dem Fell schneiden, rechts und links in der Rolle befestigen und nach außen hängen lassen.

7 x 7 cm Tonkarton zuschneiden und im oberen Drittel ein Gesicht malen. Das Gesicht oben in die Rolle stecken und ankleben.

Nun noch eine Mütze und einen Kragen aus kleinen Stücken Fell schneiden und am Kopf befestigen.

Eine Schlittenfahrt am Nordpol

Alter: ab 4 Jahren
Material: für jedes Kind 1 Stuhl, Langbank

Kinder, seht euch um, heute sind wir am Nordpol! Was haltet ihr davon, wenn wir gemeinsam Schlitten fahren? Also, los geht's! Wir holen zuerst unsere Schlitten.
Jedes Kind darf sich einen Stuhl holen.
So, unser Ausflug kann losgehen. Lasst uns einen Hügel suchen.
Die Kinder tragen ihren Stuhl durch den Raum.
Jetzt müssen wir den Schlittenhügel hinauf.
Die Kinder „steigen" einen Hügel hinauf.
So, jetzt stellt euren Schlitten hin und setzt euch darauf.
Den Stuhl auf den Boden legen und sich auf die Lehne setzen
Jetzt geht es den Hügel hinab.
Kinder beugen sich nach vorne
Passt auf, eine scharfe Rechtskurve! Achtung, wir müssen nach links ausweichen.
Die Kinder bewegen sich nach rechts und links, mehrere Wiederholungen.
So, jetzt sind wir unten. Wir gehen schnell wieder rauf und stellen unseren Schlitten hin.
Den Stuhl aufheben, den „Berg" nach oben laufen und den Stuhl hinstellen
Jetzt fahren wir auf dem Bauch.
Kinder legen sich auf die Sitzfläche.
Und los geht's! Denkt dran, ihr müsst eure Arme und Beine weit von euch strecken.
Arme und Beine vom Boden abheben
Linker Fuß bremst, rechter Fuß bremst.
Erst den linken Fuß auf den Boden stellen, dann den rechten
Jetzt mit beiden Händen bremsen.
Mit beiden Händen den Boden berühren
Jetzt bremsen die Hände und die Beine.
Mit Händen und Füßen gleichzeitig den Boden berühren
Geschafft! Wir sind schon wieder unten, das war eine wilde Fahrt.
Lasst uns jetzt gemeinsam auf einem Schlitten fahren! Stellt euren Schlitten ab und wir holen uns einen ganz langen Schlitten.
Die Kinder stellen ihren Stuhl an die Seite und gehen zur Langbank.
Lasst ihn uns gemeinsam den Berg nach oben tragen.
Alle Kinder tragen die Bank in die Mitte des Raumes.
Setzt euch nun alle hintereinander und haltet euch gut fest.
Die Kinder setzen sich mit gespreizten Beinen auf die Bank und halten sich an den Schultern fest.
Wir holen Schwung und schon geht's los.
Beide Füße vorne aufsetzen und nach hinten ziehen
Der Wind saust an uns vorbei. Wir werden immer schneller und müssen uns nach hinten legen.
Die Kinder legen sich nach hinten.
Vorsicht, vor uns liegen Steine auf der Strecke. Da müssen alle nach rechts lenken, jetzt nach links ...
Die Kinder bewegen sich mehrmals nach rechts und nach links.
Jetzt sind da auch noch kleine Schanzen, da hüpft man ja hoch!
Alle Kinder stehen kurz von der Bank auf und setzen sich wieder, auch hier mehrere Wiederholungen.
Der Schlitten bremst.
Alle beugen sich nach vorne.

Das war eine rasante Abfahrt. Für heute reicht es, vielleicht können wir morgen wieder Schlitten fahren.

Die Bewegungseinheit endet damit, dass alle sich zu einem Sitzkreis treffen und über die Schlittenfahrt sprechen.

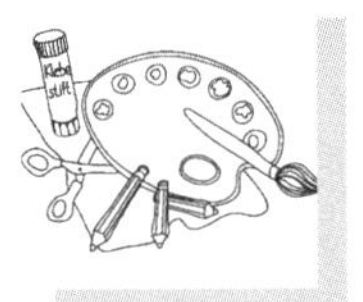

Arktisbewohner

Alter: ab 4 Jahren
Material: Tonkarton in mehreren Farben, Schere, Kleber, schwarzer Stift, Kopiervorlage Arktisbewohner (s. Anlage S. 93)

Die Kopie der Vorlage auf festen Karton kleben. Die Kinder schneiden die einzelnen Teile als Schablonen aus und übertragen die Einzelteile auf den Tonkarton. Danach können die Kinder alles ausschneiden. Die Teile anhand der Vorlage zusammenkleben und Augen, Mund und Nase aufmalen.

Fünf kleine Inuit

Alter: ab 3 Jahren

Fünf kleine Inuit gehen übers Eis,
der Weg ist hart, die Landschaft weiß.
Fünf Finger hochzeigen
Der Kleinste sagt: „Mir ist so kalt,
Kleinen Finger zeigen
hier machen wir bestimmt nicht halt!“
Arme reiben
Der Zweite schaut hoch ins Wolkenmeer:
Ringfinger zeigen
„Die Wolken oben sind grau und schwer.“
Mit dem Finger nach oben zeigen
Der Dritte ruft: „Es fängt schon an zu schneien!“
Mittelfinger zeigen
Finger von oben nach unten bewegen
Der Vierte mahnt:

Zeigefinger zeigen
„Dann lasst uns schnell ins Iglu gehen!"
Finger rennen von rechts nach links.
Der Fünfte kuschelt sich ganz fein
Daumen zeigen
in seine warme Decke ein.
Die Finger umschließen den Daumen zu einer Faust.

Pappmaschee-Iglu

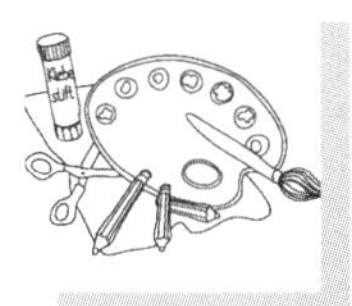

Vorbereitung: Den Kleister nach Packungsanweisung anrühren, das weiße Papier in Schnipsel reißen und den Luftballon aufpusten.

Die Kinder bekleben die Hälfte des Ballons und den Joghurtbecher mit 3 – 4 Schichten Papier und lassen alles gut trocknen.

Nach dem Trocknen den Luftballon entfernen, mit einer Schere den Rand vorsichtig begradigen und dem Iglu einen Eingang, etwas kleiner als der Becher, ausschneiden.

Den Joghurtbecher zurechtschneiden und als Eingang am Iglu befestigen.

Wer nun noch möchte, kann die „Eis"-Steine auf das Iglu malen.

Alter: ab 3 Jahren
Material: weißes Papier, Wasser, Kleister, Joghurtbecher, Pinsel, schwarzer Stift, Luftballon

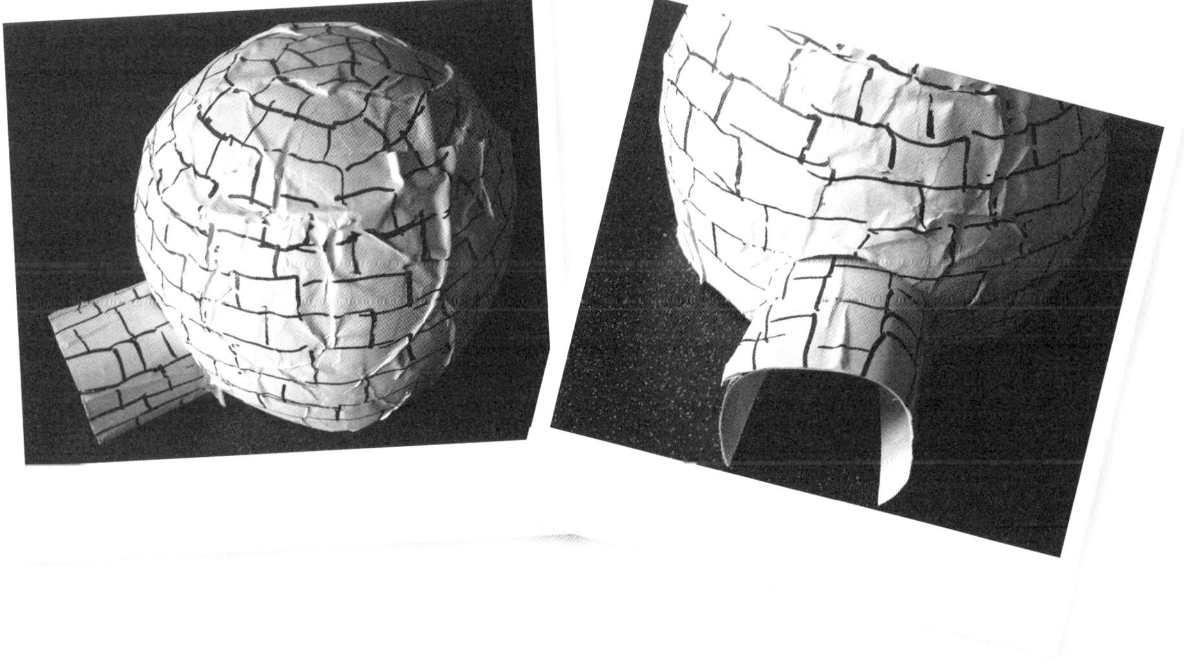

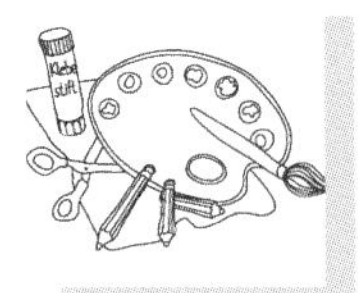

Iglu drucken

Mit Korken lassen sich wunderbare Bilder „malen“ – selbst von den Kleinsten. Aber auch die Großen haben Spaß daran, denn Korken lassen sich auch sehr gut als Stempel verwenden.

Alter: ab 4 Jahren
Material: hellblaues Papier, Bleistifte, weiße Fingerfarbe, Teller, Korken, Messer, schwarzer Stift

Vorbereitung: Die Korken längs halbieren und die Spitze eines Bleistiftes in die halbrunde Seite stecken. Den Umriss des Iglus auf das Papier übertragen und die weiße Farbe auf einen Teller geben. Die älteren Kinder können das auch schon selbst vorbereiten.

Den Korken in die Fingerfarbe tauchen und dann auf das Bild drücken. So das gesamte vorgezeichnete Bild vollstempeln.

Wenn die Farbe trocken ist, können die Kinder die Bilder noch weiter ausarbeiten, z. B. die Steine „verfugen“, d. h. mit einem schwarzen Stift umfahren.

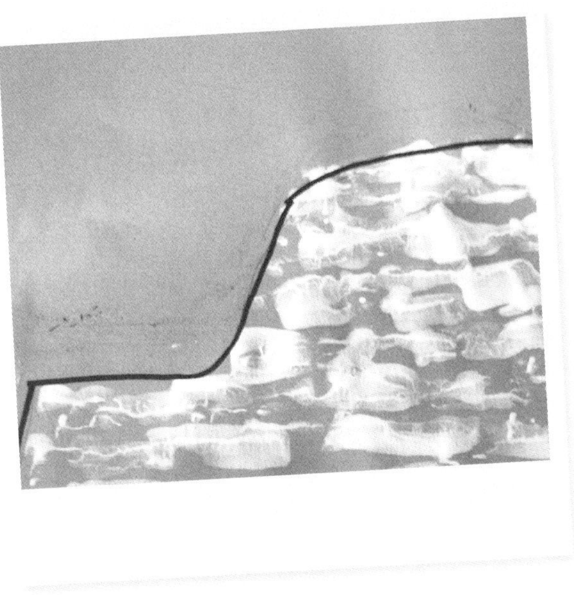

Am Nordpol

Alter: ab 4 Jahren
Material: 1 Decke oder Unterlage für jedes Kind, evtl. Entspannungsmusik

Dunkeln Sie den Raum ein wenig ab und schaffen Sie eine ruhige Atmosphäre. Bitten Sie die Kinder, sich auf ihre Unterlage zu legen, und beginnen Sie mit der Geschichte.

Im Hintergrund kann leise Entspannungsmusik laufen. Sprechen Sie leise und langsam, fügen Sie Pausen in den Text ein.

Wir wollen heute in unserer Fantasie eine kleine Reise machen. Das Ziel ist der Nordpol. Bevor wir dorthin aufbrechen, sollst du es dir bequem machen. Lege dich so hin, dass es für dich angenehm ist. Schließe deine Augen, spüre wie du atmest. Wie sich dein Bauch mit dem Einatmen anhebt und mit dem Ausatmen wieder absenkt. Ganz ohne dein Zutun.

Einatmen und ausatmen.

Nun geht sie los, die Reise. In Gedanken öffnest du deine Augen und findest dich mitten in der Arktis wieder. Alles um dich herum ist schneebedeckt, der Schnee funkelt im Sonnenlicht, ohne dich zu blenden. Die Luft ist angenehm frisch und knackig kalt, aber die Sonnenstrahlen wärmen dein Gesicht ganz leicht.

Du schaust dich um.

Du entdeckst in der Nähe Kinder, es sind Inuit-Kinder, die zusammen spielen. Einige von ihnen bauen ein Iglu, das so groß wie sie selbst ist. Andere fahren mit ihren Schlitten immer wieder einen kleinen Eisberg hinunter.

Ist das nicht toll?

Du kannst ihre freudigen Ausrufe hören und in ihre über beide Ohren strahlenden Gesichter sehen. Einige Kinder laden dich ein, mit ihnen den Eisberg hinunterzurodeln, andere bieten an, dir zu helfen, ein Iglu zu bauen, das so groß ist, dass du darin stehen kannst.

Was würde dir Spaß machen?

Trotz deiner dicken Handschuhe spürst du ganz leicht die Kälte. Der Schnee ist weich, aber er lässt sich mit ein wenig Druck ganz einfach zusammendrücken oder zu Kugeln formen. Nimm dir beide Hände voll Schnee. Wirf den Schnee doch einmal mit beiden Händen nach oben und mache dein eigenes Schneegestöber! Merkst du, wie einzelne Schneeflocken in deinem Gesicht landen und wie sie dort nach und nach schmelzen?

Versuche doch einmal, einige Schneeflocken mit deiner Zunge zu fangen. In deinen Gedanken schmeckt der Schnee wie das Eis aus deiner Eisdiele.

Denke an dein Lieblingseis und genieße es.

Bleibe noch ein wenig am Nordpol, vielleicht hast du ja Lust, mit den Inuit-Kindern einen Schneemann zu bauen? Oder du fährst mit ihnen eine Runde Hundeschlitten.

Obwohl es hier so kalt ist, ist dir nach der ganzen spaßigen Betätigung ganz warm: Deine Hände sind warm, deine Ohren …, dein ganzes Gesicht, deine Beine … – angenehme Wärme durchströmt deinen ganzen Körper.

Langsam bereitest du dich darauf vor, den Nordpol wieder zu verlassen. Du weißt, dass du diese Reise jederzeit wiederholen kannst und dass es sehr viel Spaß gemacht hat.

Öffne jetzt deine Augen. Atme einige Male tief ein und aus. Strecke dich ein wenig, bewege langsam deine Arme und Beine, so wie du es morgens vom Aufstehen kennst.

Der Husky

Informationen: Der Husky ist ein kraftvoller, sehr schneller und ausdauernder Hund.
Diese Eigenschaften zeigen sich auch in seinem Körperbau. Er verfügt über eine tiefe, kraftvolle Brust, relativ lange, gerade, kräftige Vorderläufe und dicht behaarte Pfoten mit polsterartigen Ballen. Er hat eine dicke, buschige Rute. Eine Besonderheit sind die mandelförmigen, schräg stehenden Augen, die braun, blau oder auch verschiedenfarbig sein können.
Der Husky hat eine Schulterhöher von 53 bis zu 60 cm. Das Gewicht variiert zwischen 16 und 27 kg. Er verfügt über ein mittellanges, doppellagiges Fell aus dichter, weicher Unterwolle und derbem Deckhaar. Dies wirkt sehr füllig und bietet dem Hund Schutz vor Kälte bis zu -50 °C.

Wesen und Haltung: Ein Husky ist nicht gerne alleine. Wer sich für diese Hundeart entscheidet, sollte mindestens zwei Hunde gemeinsam halten. Mit anderen Haustieren vertragen sie sich allerdings nicht. Wie andere nordische Rassen bellen sie nicht oft, lieben es jedoch, gemeinschaftlich zu heulen. Was die Zusammensetzung des Futters angeht, ist der Husky relativ anspruchslos. Auch sonst ist er pflegeleicht, mag es aber, während des Fellwechsels ab und zu gebürstet zu werden. Hinsichtlich des Auslaufes gehen die Hunde keine Kompromisse ein, sie brauchen enorm viel Bewegung. Der Husky ist seiner „Familie" treu ergeben und auch anderen Menschen gegenüber freundlich, weshalb er sich nicht als Wachhund eignet. Früher wurden Huskys vor allem als Schlittenhunde eingesetzt, denn der Husky ist in der Lage, das Neunfache seines eigenen Körpergewichts zu ziehen, und ist so ein überlebenswichtiges Nutztier und Familienmitglied der Inuit geworden. Der Husky besitzt einen ausgezeichneten Orientierungssinn, durch den er nie von bekannten Wegen abkommt, selbst wenn diese durch eine dicke Schneedecke nicht mehr sichtbar sind.

Aro, der Husky

Alter: ab 4 Jahren
Material: Bild oder Stofftier eines Huskys

Hallo Kinder, darf ich mich vorstellen, ich heiße Aro und bin ein Hund, und wie ihr sehen könnt, bin ich ein ganz besonderer Hund, nämlich ein Husky. Ich wohne bei Olaf. Olaf ist ein Inuk und von Beruf Hundelehrer, und das bin ich auch. Wie ich Lehrer geworden bin, davon möchte ich euch erzählen. Als ich noch ganz klein war, kam ich zu Olaf, und der hat schon ganz früh damit angefangen, mit mir zu üben, ein guter Schlittenhund und Fährtenleser zu werden – erst zu Hause allein und dann mit anderen Hunden in einer Schule, aber nicht in irgendeiner Hundeschule, sondern in der Husky-Hundeschule. Dort mussten wir viele Kommandos wie „Sitz", „Platz", „Such", „Fuß" lernen, die alle anderen Hunde auch kennen und befolgen müssen. Erst wenn ein Husky diese Befehle alle beherrscht, dann lernt er, eine Witterung aufzunehmen und diese dann unbeirrt zu verfolgen.

Wisst ihr, was eine Witterung ist? Da rieche ich etwas, das kann nur ich riechen, ein Mensch bemerkt diesen Geruch gar nicht. Denn Hunde haben eine besondere Riechnase. In der Hundeschule hat Olaf mir beigebracht, immer das zu riechen, was er mir vorgibt, und dann diesen Geruch zu verfolgen. Das war spannend, denn er hat das mit ganz tollen Suchspielen verbunden. Er ließ mich z. B. an einem Stück Fell schnuppern, dann musste ich auf „Sitz" an einer Stelle warten, bis Olaf das Fell irgendwo versteckt hat. War er zurück, rief er „Such", und erst dann durfte ich suchen. Kinder, das hat Spaß gemacht! Überall konnte ich meine feine Nase hineinstecken. Wenn ich das richtige Teil gefunden hatte, habe ich immer eine Belohnung bekommen. Olaf hat die Suche jedes Mal schwerer gemacht, die Sachen immer besser versteckt. Doch ich habe sie alle gefunden, denn ich habe eine super Riechnase.

Als Nächstes musste ich lernen, einen Schlitten zu ziehen und auf die Kommandos von Olaf zu hören. So ein Schlitten ist für einen Hund alleine viel zu schwer, deshalb übten wir immer mit anderen Hunden zusammen.

Eines Nachmittags, Olaf und ich hatten es uns gerade in unserem Iglu gemütlich gemacht, da klingelte sein Handy. Olaf ging dran und ich hörte nur, wie er sagte: „Natürlich kommen wir, wir sind gleich da." Olaf rief: „Komm, Aro, es gibt Arbeit!" Er schnappte sich meine Leine und legte sie mir um. Weil es schnell gehen musste, nahm Olaf den Motorschlitten und ich sprang auf. Wir fuhren mit dem Schlitten ein Stück und hielten vor einem riesigen Eisberg. Dort hatten sich schon viele Leute versammelt. Ein Inuk erklärte uns, was passiert war.

Die kleine Anna hatte sich verlaufen. Sie war mit ihren Eltern auf einem Spaziergang und war plötzlich nicht mehr da. Die Eltern hatten eine Mütze von Anna dabei. Ich musste an dieser Mütze schnüffeln, damit ich den Geruch von Anna kennen lernte, um sie anschließend zu suchen. Dann ging es los, ich war so aufgeregt, dass ich sofort lossprinten wollte. Doch Olaf pfiff mich zurück und befahl mir, bei ihm zu bleiben, damit er mir folgen konnte. Wir liefen nun um den Eisberg herum, ich immer die Nase schnüffelnd auf dem Schnee. Ich kam an einen Eisfelsen, und hier konnte ich Anna riechen, ganz stark war der Geruch, hier musste sie gewesen sein. Die Spur führte mal nach rechts, dann nach links, richtig kreuz und quer. Es war sehr anstrengend und ich hatte immer die Nase auf dem Boden. Doch was war das, die Spur war weg. Ich schnüffelte und schnüffelte. Dann hob ich meinen Kopf, um Olaf zu zeigen, dass ich die Spur verloren hatte. Doch gerade, als ich ansetzen wollte, war der Duft von Anna wieder da, nur viel weiter oben, und jetzt sah ich auch, was sie gemacht hatte: Sie war auf einen kleinen länglichen Eisfelsen geklettert und hatte balanciert. Natürlich sprang ich auch auf den Eisfelsen und lief darüber. Mensch, das ist gar nicht so einfach, Anna musste ja richtig gut balancieren können. So gerne ich auch noch über den Felsen gelaufen wäre, ich musste weiter. Also einen Riesensatz vom

Felsen herunter, Nase wieder an den Boden und los. Jetzt ging es nur geradeaus und ich bin immer schneller gelaufen. Olaf musste hinter mir fast rennen. Aber er pfiff mich nicht zurück, er ließ mich einfach nur machen. Toll von ihm, dass er so großes Vertrauen zu mir hatte. Mitten auf einer Eisfläche ging die Spur links, rechts, im Kreis und auch wieder rückwärts. Ich glaube, für Olaf sah es aus, als würde ich ein kleines Tänzchen auf dem Eis machen. Doch er bremste mich nicht und rief: „Such, Aro, Such." Ja, und glaubt mir, ich habe wirklich eine feine Spürnase und fand bald wieder den richtigen Weg. Jetzt wurde der Geruch immer stärker und stärker und im gleichen Moment stand ich auch schon vor Anna. Sie lag schlafend unter einem Eisfelsen und sie roch genauso wie ihre Mütze. Vor Freude fing ich an zu bellen, und davon wachte Anna auf. Verschlafen rieb sie sich ihre Augen, und da war auch schon Olaf bei uns. „Hallo, Anna, haben wir dich gefunden." Er nahm sein Funkgerät und sprach: „Olaf an alle, wir haben die kleine Anna und wir bringen sie nun zurück." Er nahm Anna auf seine Arme und gemeinsam gingen wir zurück. Ich blieb ganz nah bei Olaf, da ich nicht wusste, ob er weitere Aufgaben für mich hatte. Doch er sagte nur immer wieder: „Toll gemacht, Aro, super! Du bist ein toller Spürhund." Und was machte ich? Ich streckte meine Nase weit nach oben und freute mich über so viel Lob. Bald waren wir bei den anderen und wurden von den wartenden Eltern begrüßt, die uns vor Freude, dass Anna wieder da war, schon entgegenrannten. Olaf übergab Anna an ihren Vater, und alle um ihn herum jubelten und klatschten Beifall. Mann, war ich stolz, dass gerade mir es gelungen war, Anna zu finden. So konnten nun alle froh nach Hause gehen. Was denkt ihr, was mich da erwartete? Ich bekam den größten und schönsten Knochen, den ihr euch vorstellen könnt.

Das Nordpolspiel

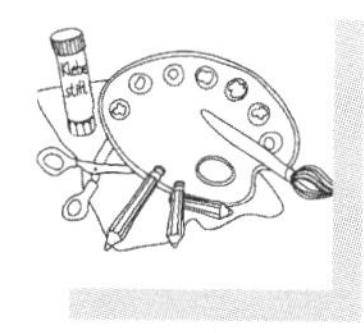

Kleben Sie die Bildvorlagen (evtl. vergrößert) auf Karton.

Die Kinder malen die Bilder an – achten Sie darauf, dass sie für gleiche Motive gleiche Farben nehmen.

Die Karten können vor oder nach dem Ausmalen ausgeschnitten werden, wenn sie laminiert werden, ist das Spiel langlebiger.

Anleitung: Die Kinder verteilen die Bildkarten verdeckt auf dem Tisch oder Boden. Reihum darf ein Kind nach dem anderen zwei Karten aufdecken.

Sind die Motive gleich, darf das Kind beide Karten nehmen und zwei weitere Karten aufdecken.

Sind sie unterschiedlich, werden die Karten an gleicher Stelle wieder umgedrcht.

Alter: ab 4 Jahren
Material: Vorlage Nordpolspiel (s. Anhang S. 95), Kleber, Schere, Buntstifte, Karton

Angelspiel

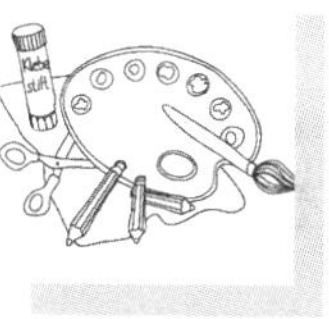

Inuit ernähren sich viel von Fischen. Für uns besonders interessant und spannend ist das Angeln in Eislöchern oder aus einem Kajak heraus. Hier wird mit den Kindern ein einfaches Angelspiel gestaltet.

Malen Sie den Umriss eines Fisches, eines Gummistiefels o. Ä. mehrmals auf das Papier. Lassen Sie die Kinder die Bilder ausmalen und ausschneiden. Nun laminieren Sie jeden Fisch ein und befestigen daran mit Heißkleber jeweils etwas Magnetisches (Nagel o. Ä.). Am Stock befestigen Sie eine Schnur und daran einen Magneten. Den Karton bedecken Sie mit einem weißen Tuch, so sieht es wie ein Eisloch aus. Die Fische ins Eisloch geben, und schon kann geangelt werden.

Alter: ab 3 Jahren
Material: Karton, weißes Tuch, Vorlage, weißes Papier, Laminierfolie, Magnete, Nägel (oder etwas aus Eisen), Buntstifte, Heißkleber, Stöcke, Schnur, Schere

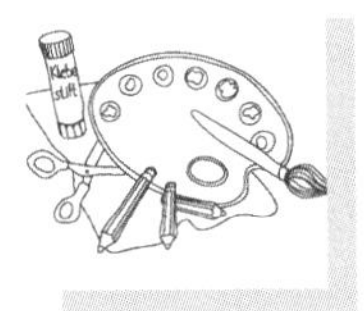

Fisch-Handabdruck

Alter: ab 3 Jahren
Material: weißes Papier, Fingermalfarbe, Pinsel, Schwamm, Teller, schwarzer Stift

Für diese ganz besondere Art und Weise, Fische zu gestalten, benötigen die Kinder hier nur die Hände und etwas Farbe. Sie werden nämlich aus einem Handabdruck gefertigt. Diese Technik ist sehr einfach, sieht aber besonders schön aus.

Die Fingerfarbe auf einen Teller geben, so kann die Hand direkt in die Farbe eintauchen. Die Hand kann auch mit Pinsel oder Schwamm bemalt werden. Jüngere Kinder brauchen hierzu noch eine Hilfestellung. Anschließend die Hand auf das Papier drücken. Achten Sie darauf, dass beim Druck die Finger geschlossen und der Daumen abgespreizt ist. Die Größeren können das natürlich schon selbst machen.

Nach dem Trocknen malen die Kinder ihrem Fisch noch ein Auge. Um den Fisch herum kann das Blatt noch weiter ausgestaltet werden.

Tipp: Aus vielen Handabdrücken kann eine Gemeinschaftsarbeit entstehen, die noch mit Pflanzen, Steinen ... verschönert wird. Alle Teile auf einen blauen Müllsack kleben, mal eine andere Deko-Idee.

Steinfigur Inukshuk

Alter: ab 4 Jahren
Material: Steine, Steinkleber, Bild eines Inukshuk

Ein Inukshuk ist eine Steinfigur, die in verschiedenen Größen vorkommen kann. Das Wort stammt aus der Sprache der Inuit und bedeutet „der einem Menschen gleicht“. Über die Generationen hinweg wurden Inukshuks zu Symbolen von Hoffnung, Freundschaft und Ausdruck der Gastfreundlichkeit. Inukshuks haben die Aufgabe, Wege und heilige Orte markieren, sie warnen vor Gefahr und es ist tabu, sie zu zerstören.

Die Kinder betrachten das Bild eines Inukshuk und erfahren, für was die Inuit diese Figuren gebaut haben. Die Steine werden auf den Tisch gelegt und die Kinder bauen sich eine Steinfigur. Es ist auch möglich, die Figur aus Schachteln zu bauen und sie anschließend grau zu bemalen.

Kajak basteln

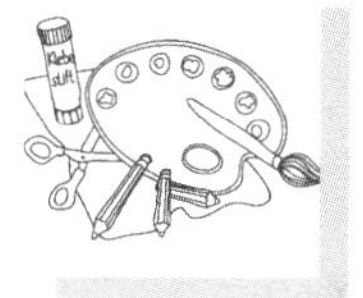

Ein Fortbewegungsmittel der Inuit ist das Kajak. Es wird zum Fischfang und auch als Transportmittel benutzt.

Alter: ab 4 Jahren
Material: fester Karton, Korken, Schaschlik-Spieß, Schere, Kleber

Es werden zwei Streifen, etwa 15 cm lang und 3 cm breit, aus Karton ausgeschnitten. Die Mitte der Streifen wird an die flachen Seiten eines Korkens geklebt. Nun noch vorne und hinten zusammenkleben. Dieses Gerüst auf ein Stück Karton stellen und die Umrisse anzeichnen. Nach dem Ausschneiden wird das Gerüst aufgeklebt. Jetzt noch die beiden Paddel ausschneiden um am Schaschlik-Spieß befestigen.

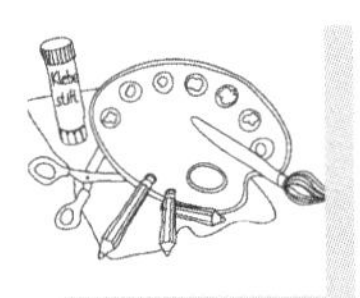

Polarlicht

Alter: ab 4 Jahren
Material: wasserfeste Wachsmalkreide, schwarze Wasserfarbe, Malpapier, Pinsel, Becher, Wasser, Bild Polarlicht

Das Polarlicht ist eine Leuchterscheinung am Himmel, die beim Auftreffen von Teilchen des Sonnenwinds auf die Erdatmosphäre verursacht wird. Dort regen sie die vorhandenen Luftmoleküle zum Leuchten an. Polarlichter kommen in nördlichen Breiten (Nordlicht – Aurora borealis) als auch auf der Südhalbkugel (Südlichter – Aurora australis). Polarlichter gibt es hauptsächlich im Herbst/frühen Winter (Ende Oktober bis Mitte Dezember) sowie im späten Winter/Frühjahr (Ende Februar bis Anfang April), denn hier stehen die Magnetfelder von Erde und Sonne parallel zueinander.

Die Kinder gestalten ihr Polarlicht mit wasserfester Wachsmalkreide. Das Bild übermalen sie anschließend mit schwarzer Wasserfarbe.

Winterkleidung

Mitmachgeschichten sollen die Kinder in erster Linie zum genauen Zuhören motivieren. Dem Zuhörer sollen sie Spaß bereiten und die Aufmerksamkeit schulen. Deshalb sollten diese Geschichten auch leicht verständlich und nicht zu lang sein.

Alter: ab 4 Jahren

Bei dieser Geschichte geht es darum, dass die Kinder immer, wenn ein Kleidungsstück erwähnt wird, in die Hände klatschen. Sie können zur größeren Motivation auch Instrumente einsetzen.

Heute sind wir am Nordpol. Dort ist es sehr kalt. Damit wir unser Iglu verlassen können, müssen wir uns warm anziehen. Wir ziehen einen **Wollpullover** *und unsere* **dicken Socken** *an, eine* **Schneehose** *und die* **Schneeschuhe**. *Wir wickeln unseren wärmsten* **Schal** *um den Hals und ziehen unsere* **Winterjacke** *an. Dann müssen wir unsere* **Handschuhe** *anziehen.*

Wir brauchen sogar eine **dicke Mütze**.

Es ist herrlich. Der Schnee quietscht unter unseren **Winterschuhen**. *Alles erstrahlt in hellem Weiß. Wir rücken unsere* **Mütze** *zurecht und gehen den Weg zum Meer. Hier wird es ein wenig windiger. Gut, dass uns der* **Schal** *und die* **Handschuhe** *vor der Kälte schützen.*

Hier liegt frisch gefallener Schnee. Wir müssen die Füße mit unseren schweren **Winterschuhen** *richtig hoch nehmen, um durch den Schnee stapfen zu können. Die* **Wollsocken** *halten unsere Füße dabei schön warm.*

Mit den Händen in den **Handschuhen** *formen wir einen großen Schneeball, holen weit aus und werfen ihn ins Meer. Der Ball landet mit einem Platsch im Wasser.*

In der Ferne können wir unsere Freunde sehen. Mit festen Schritten machen wir uns auf den Weg dorthin. Dabei wickeln wir unseren **Schal** *noch enger um unseren Hals und ziehen die* **Mütze** *ganz über die Ohren. Wir winken ihnen mit unseren Händen in den dicken* **Winterhandschuhen** *zu. Bei ihnen angekommen, setzen wir uns auf einen Schlitten und strecken unsere Beine mit den dicken* **Schneeschuhen** *aus. Unsere Füße sind dank der* **warmen Socken** *immer noch vor der Kälte geschützt. Mit unseren Freunden erzählen wir ein wenig, bevor wir uns wieder auf unsere* **Stiefel** *stellen und langsam über den Schnee zurückstapfen. Am Iglu angekommen, ziehen wir die* **Handschuhe** *aus, dann die Jacke und die* **Stiefel**. *Die* **Hose** *und den dicken* **Pullover** *lassen wir an. Wir holen uns unser Frühstück und stärken uns für den weiteren Tag.*

Der Polarforscher

Alter: ab 4 Jahren

Heute erzähle ich euch die Geschichte von Artur, dem Polarforscher, der sich in der Nähe des Nordpols ein Haus gebaut hat: eigentlich ist es ja kein Haus, sondern ein großes Iglu.

Das hat Artur sich gemütlich eingerichtet. Ein Bett, ein Tisch und Stuhl und sogar ein Bücherregal. Mit seinem Hundeschlitten hat er dies alles transportiert. Um sein Iglu herum ist weit und breit nur Schnee, mehr sieht der Polarforscher den ganzen Tag nicht. Hier wohnt er ganz alleine für 6 Monate. Er will das Wetter beobachten und die Temperatur im gefrorenen Eis messen. Artur hat sich genügend zu essen eingepackt: Konserven mit Spaghetti, Zwieback, Schokolade und Kekse. Auch wenn er dies alles aufgegessen hat, muss er natürlich nicht verhungern, denn wenn er etwas braucht, ruft er mit dem Funkgerät in der nächsten Stadt an, die schicken ein Flugzeug, dieses kommt und wirft mit einem kleinen Fallschirm ein Paket für ihn ab. Täglich macht er nun Messungen und schaut nach dem Wetter. Dies schreibt er alles auf. Er erkundet auch gerne die Gegend. Dazu spannt er seine Hunde vor den Schlitten und fährt über die riesige Eisfläche. Doch eigentlich ist es für Artur richtig langweilig. Es passiert ja nichts. Wenn der Wind keine Geräusche macht, ist es so still, dass er sogar sein Herz schlagen hören kann, und niemand redet mit ihm. Doch eines Tages entdeckt er riesige Fußspuren im Schnee. Artur überlegt, ob die wohl von einem Tier sind oder von einem Menschen mit großen Füßen. Der Polarforscher will das Rätsel lösen. Obwohl er sich ein bisschen fürchtet, was er denn da entdecken könnte, spannt er seine Ski an und folgt der geheimnisvollen Spur. Die Spur führt in Richtung Meer. Als er schon ein ganzes Stück gefahren ist, hört Artur seltsame Geräusche, wie eine Säge hört es sich an, und es wird immer lauter und lauter. Als er oben auf einem kleinen Hügel anhält, sieht er nicht nur den Verursacher der Spuren, sondern auch den, der die seltsamen Geräusche macht. Ein riesiger Fellberg liegt auf dem Boden, und was denkt ihr, was der macht? Er schnarcht. Artur bleibt ruhig auf seinen Skiern stehen und beobachtet das große seltsame Tier. Irgendwann wird er leider hungrig und müde, er muss seinen Beobachtungsposten verlassen und fährt zurück zu seinem Iglu. Am nächsten Tag, als er seine Arbeit getan hat, will er wieder zu diesem Tier. So etwas hat er noch nie gesehen. Er packt sich eine Packung Kekse und eine Kanne mit heißem Tee ein, denn er will das unbekannte Tier so lange es geht beobachten. Er will wissen, wie es lebt, was es frisst und wo es überall hingeht. Artur hat schon Eisbären und Robben am Nordpol gesehen und auch schon viel von diesen Tieren gehört und gelesen. Er denkt sich, vielleicht habe ich eine neue Tierart entdeckt, von der ich den Menschen zuhause berichten kann. In freudiger Erwartung macht er sich auf den Weg zu dem kleinen Hügel. Er schaut hinunter und staunt nicht schlecht: Das Tier sitzt! Und es sitzt nicht nur, es hat sich auch ein Feuer angemacht! Artur traut seinen Augen nicht, das Tier grillt sich über dem Feuer einen Fisch. Wenn er das zu Hause erzählt – das glaubt ihm niemand. Was sollte er nun tun, wieder zurück zu seinem Iglu fahren oder näher an das Tier herangehen? Er entscheidet sich für das Herangehen, steigt also von seinem Schlitten und schleicht den Hügel hinunter. Als er direkt hinter dem Fellberg steht, sagt er „Hallo“. Der Berg dreht sich um und Artur erschrickt. Doch nicht nur er, auch der Fellberg fängt an zu schreien, und auch Artur schreit vor Schreck. Vor ihm sitzt ein Mensch. Sie starren sich an und gleichzeitig fragt einen den anderen: „Wer bist du?“ – „Ich bin Artur, der Polarforscher, dort hinter dem Hügel ist meine Wetterstadion.“ – „Ich bin Kai, der Polarforscher, und ich habe keine Wetterstadion.“ – „Was machst du hier?“, fragt Artur. „Vor ein paar Wochen gab es einen riesigen Schneesturm, da wurde meine ganze Station weggeweht oder vom vielen Schnee bedeckt, dass ich nichts mehr finden kann, jetzt warte ich, dass mich jemand vermisst und mich dann hier abholt", erklärt ihm Kai. „Das ist ja schlimm, wovon lebst du denn?" – „Von Fisch, immer nur Fisch", sagt Kai. „Dann komm doch mit zu mir in mein Iglu, ich habe noch genug zu essen für uns beide, und ein Funkgerät habe ich auch", lädt Artur den anderen Forscher ein. So fahren beide zu Arturs Iglu und machen es sich darin gemütlich. Artur meldet über Funk, dass er Kai gefunden hat. Die beiden verstehen sich richtig gut. Artur ist froh, dass er nicht mehr alleine ist, und Kai, dass er keinen Fisch mehr essen muss und ein Dach über dem Kopf hat. Da es ihm so gut gefällt, entscheidet Kai, dass er die restliche Zeit, die Artur noch am Nordpol verbringen wird, bei ihm bleibt. So wohnen die beiden nun gemeinsam, und auch die Arbeit machen sie zusammen. Irgendwann erzählt Artur Kai von seinem Irrtum, dass er ihn zuerst für eine neue Tierart gehalten hatte. Sie stellen sich vor, was wohl die Menschen zu dem neuen Tier gesagt hätten, das Feuer machen und sich Fische grillen kann. Darüber lachen sie so sehr, dass die Wände des kleinen Iglus wackeln.

Was nehme ich mit zum Nordpol?

Das Spiel „Ich packe meinen Koffer" lässt sich sehr gut auf den Nordpol übertragen.

Material: evtl. Vorlage Koffer (Anhang S. 94) für jedes Kind

Beginnen Sie das Spiel mit dem Satz „Ich plane eine Reise zum Nordpol und nehme mit ..." Die Kinder können alles einpacken, was ihnen zum Thema „Kälte, Eis und Schnee" einfällt! Das nächste Kind, das an der Reihe ist, muss alle Dinge, die von den anderen eingepackt wurden, wiederholen, bevor das nächste Ding im Koffer landen kann.

Anschließend lassen Sie die Kinder in einen Koffer die Dinge malen, die sie gerne mitnehmen würden.

Polar-Party

Material: Sprossenwand, Teppichfliesen, Schlitten, Matten, Tuch, Angelspiel, Tennisbälle, Bild oder Kuscheltier Eisbär, für jedes Kind eine Medaille (Kopiervorlage S. 85)

Mit den Kindern eine Polar-Party feiern, bei der sie Prüfungen machen und eine Rettungsmedaille erhalten, ist ein schöner Abschluss für das Projekt. Die Prüfungen sollten im Bewegungsraum stattfinden.

Zu Beginn hören die Kinder eine kurze Einleitung:

Nala und Nanuk sind zwei Inuit-Kinder. Sie leben am kältesten Punkt der Erde. Ohne dicke Jacke, Schal, Mütze und Handschuhe können sie nicht aus dem Haus. Die beiden können jeden Tag im Schnee spielen. Doch dabei haben sie vieles zu lernen. Denn ihre eisige Welt kann viel Spaß bedeuten, aber auch Gefahr. Heute wollen die beiden uns zeigen, was sie alles lernen mussten, und dabei machen wir alle mit. Dafür haben sich die beiden Prüfungen für uns ausgedacht, und wer alle besteht, bekommt eine Medaille. Lasst uns also beginnen.

Station 1: Einen Eisberg erklimmen und einen Schneeberg hinabklettern.
Die Sprossenwand nach oben und nach unten klettern.

Station 2: Über Eisschollen hüpfen
Teppichfliesen im Raum verteilen und die Kinder gehen darüber.

Station 3: Über eine Eisspalte springen
Zwei Matten im Abstand von 40 – 60 cm legen und die Kinder springen von der einen zur anderen Matte.

Station 4: Verscheuchen von Eisbären
Mit Tennisbällen einen Eisbären (Stofftier oder einen gemalten Eisbären) bewerfen.

Station 5: Schlitten ziehen
Stellen Sie einen Schlitten auf ein Tuch und lassen ihn die Kinder durch den Raum ziehen. Sie können diese Aufgabe erschweren, indem ein Kind auf dem Schlitten sitzt.

Stadion 6: Angeln
Lassen Sie die Kinder Fische angeln (Angelspiel, S. 77)
So enden die Prüfungen, und die Kinder bekommen ihre Medaille.

Anhang

Bastelvorlage

Medaille

Malvorlage
Erde und Sonne

Arbeitsblatt
Schneeflocken fallen zur Erde

Kopiervorlage
Wörter mit „Schnee"

Malvorlage
In der Arktis lebt ein Eisbär

Bastelvorlage Eisbär-Maske

Bastelvorlage Robbe

Bastelvorlage Orca

Bastelvorlage
Eisbärtatze

Bastelvorlage
Eisbär

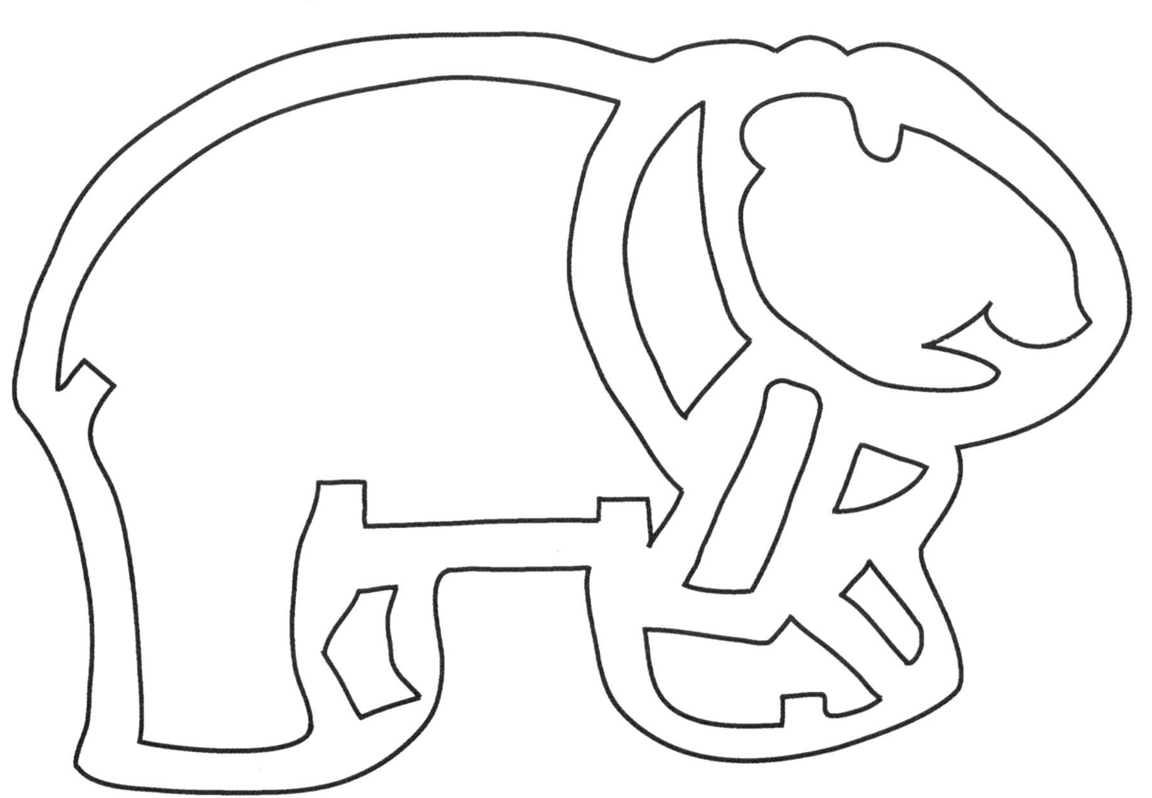

Bastelvorlage

Inuit

Bastelvorlage Prickelstern

Malvorlage Koffer

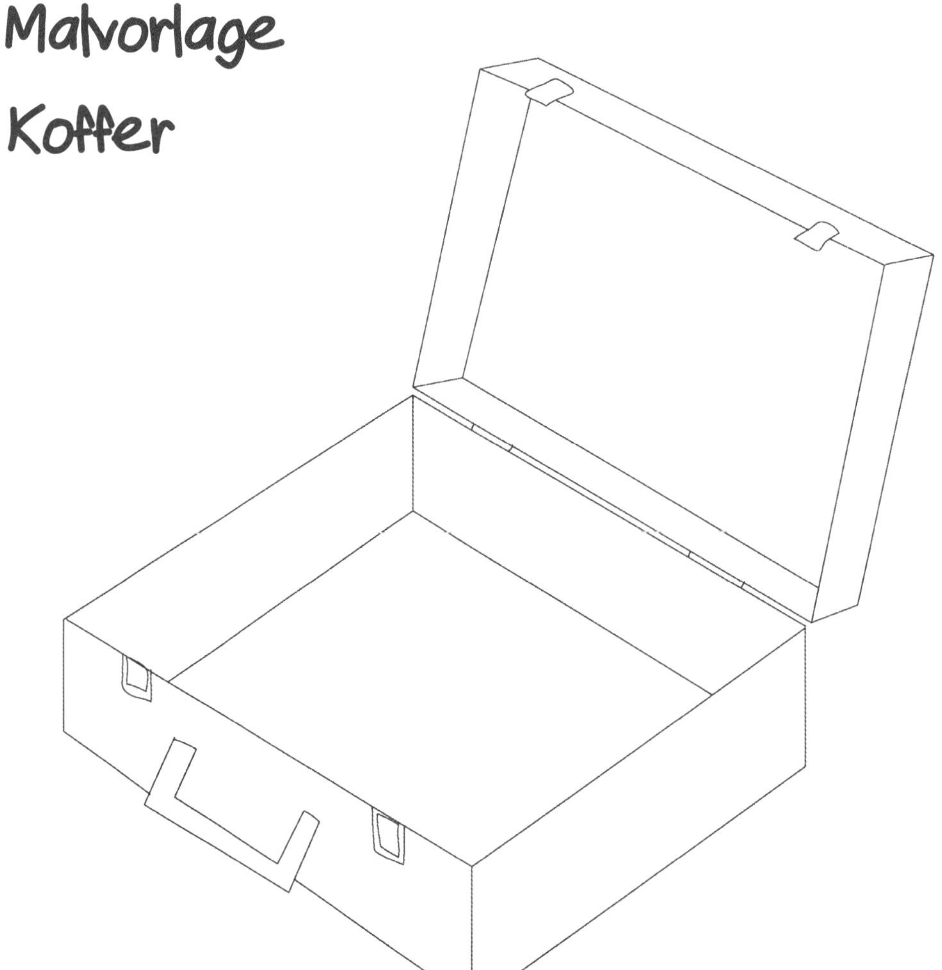

Kopiervorlage
Das Nordpolspiel

pro Spiel bitte 2 x ausdrucken

Alphabetisches Register

Die Autorin

Anja Mohr, geboren 1968, ist verheiratet und hat zwei erwachsene Söhne. Sie lebt im badischen Forst und ist seit 1989 Erzieherin in Kindertageseinrichtungen. Durch ihre langjährige Berufserfahrung haben ihre Materialien eine besondere Praxisnähe. Darüber hinaus steht sie durch die Anleitung von Erzieherinnen und Erziehern im Anerkennungsjahr im engen Kontakt mit Fachschulen für Sozialpädagogik, wodurch sie immer wieder gefordert wird, sich auf besondere Themen einzustellen.

Die Illustratorin

Bianka Leonhardt ist in Hamburg geboren, nun lebt sie in Ahrensburg. Sie studierte an der Fachhochschule für Gestaltung (Fachrichtung Illustration) in Hamburg sowie an der Universität in Barcelona (Spanien) und machte verschiedene Verlagspraktika im Lektorat und in der Herstellung, um zu lernen, wie Bücher gemacht werden. Seit ihrem Diplom-Abschluss 1998 arbeitet sie als freie Illustratorin für verschiedene Verlage und für jedes Alter: vom Pappbilderbuch für die Jüngsten über Erstlesebücher, Kalender und Puzzles bis hin zum Schulbuch.

E-Mail: leonhardt@leonhardt-illustration.de
www.io-home.org/portfolios/l/bilder?k_User=1471

Yvonne Wagner

IMPULSE FÜR DIE MITTAGSRUHE

Anregungen & Ideen für die Einschlaf- und Aufwachphase

ISBN 978-3-86702-385-6

Die Kinder in einer Gruppe gemeinsam zur Ruhe kommen zu lassen oder zum Schlafen zu bringen – das ist eine der Herausforderungen im Ruheraum. Mit den Anregungen, Ideen und Tipps dieses Praxisratgebers wird den individuellen Schlafbedürfnissen der Kinder auch in größeren Gruppen Rechnung getragen. Neben theoretischen Fachinformationen bietet das Buch mit Fantasiereisen, Liedern, Malideen und vielem mehr zahlreiche Impulse für die Ruhe- und Schlafzeit.